个人投资 理财入门

Ge Ren Tou Zi Li Cai Ru Men

任景萍 ◎ 编著

- 你不理财 财不理你
- 你一生的理财全规划
- 量身定制 为你实现全面财务自由化

中国物资出版社

图书在版编目（CIP）数据

个人投资理财入门／任景萍编著．—北京：中国物资出版社，2008.5（2015.2 重印）

ISBN 978-7-5047-2840-1

Ⅰ．个…　Ⅱ．任…　Ⅲ．私人投资—基本知识　Ⅳ．F830.59

中国版本图书馆 CIP 数据核字（2008）第 040067 号

策划编辑　刘天一

责任编辑　秦理曼

责任印制　何崇杭

责任校对　孙会香

中国物资出版社出版发行

网址：http：//www.cfpress.com.cn

社址：北京市西城区月坛北街 25 号

电话：（010）68589540　邮编：100834

全国新华书店经销

中国农业出版社印刷厂印刷

开本：710mm×1000mm　1/16　印张：12.75　字数：222 千字

2008 年 5 月第 1 版　2015 年 2 月第 5 次印刷

书号：ISBN 978-7-5047-2840-1/F·1184

印数：15001—17000 册

定价：28.00 元

目录
Contents

第一部分 投资理财——基础篇

第二部分　投资理财——观念篇

第三部分　投资理财——工具篇

第一部分

投资理财

——基础篇

第一部分

投资理财

基础篇

第一章
你需要投资理财吗

"20 岁以前，所有的钱都是靠双手勤劳换来，20 岁至 30 岁是努力赚钱和存钱的时候,30 岁以后，投资理财的重要性逐渐提高，到中年时赚的钱已经不重要，这时候反而是如何管钱比较重要……"

——李嘉诚

第一节 什么是投资理财

小故事

假如你有10000元闲钱

阿巧：我如果现在有10000元闲钱，这个周末就带着老公去趟丽江，吃住行都安排得舒服些，一定要玩得开心。如果还有剩余，就全部孝敬爸妈，让他们也出去玩玩，辛苦了大半辈子，还没有正儿八经地出去旅游过呢！

宋小姐：10000元闲钱？我手里不会有闲钱的，呵呵。我如果有10000元，首先就会补充银行存款，保证银行存款可以满足我的日常开销以及可能临时需要的开支。如果还有剩余，肯定拿去买基金或者股票，流动性比较强，还能等着分红或者飙升。

刘先生：如果现在手头有10000元，我肯定是拿去投资朋友的小餐饮店。那家店其实是我和朋友一起投资的，但因为我每日还要上班，所以餐饮店的日常事务都交给朋友打理，我主要提供资金。现在餐饮店开张没多久，生意日渐红火，正好感觉资金短缺，所以有钱肯定放那里了。

郭大爷：10000块钱呐！都给孙子了。我年纪大了，没多少地方花钱，每个月退休金都用不完。花钱最多的就是去医院，但那个可以报销。所以啊，有闲钱我就不自己留着了。孙子今年刚刚考上大学，还是名牌，学费特别高，这些钱就当爷爷给的一点礼物。

那么，假如你有10000元闲钱，你会怎么安排呢？

"投资理财"看起来是一个高深艰涩的词，仿佛远离普通大众，其实不然。一个人，只要手中有钱，就必然会安排金钱的走向，如消费、储蓄或者投资。因此，不管你有意还是无意，你其实每时每刻都在进行着理财，只是理得好不好而已。这一点，相信通过上面的小故事，你已经有所了解。

每个人都在理财，但效果却相差十万八千里。有些人赚钱不少，却一辈子都为钱所累，始终感觉钱不够用；而有些人虽然赚钱不多，但工作、生活、娱乐都安排得井井有条，并不会为钱而烦恼；还有些人不管赚钱多少，都能够充分利用手中的钱来生钱，让自己的财富日渐增长，最终走向财务自由之路。

同样是理财，为什么会有那么大的差别呢？因为理财是一门新兴的实用科学，对理财技能的掌握程度不同导致了人与人之间理财效果的巨大差异。

既然理财是一门科学，如果不以科学、理性的态度来对待它，怎能有效地达到理财目标呢？所以，接下来让我们从投资理财的定义开始，一起来掌握理财这门学问。

一、什么是理财

“努力学习，取得好成绩，考个名牌大学，你就能找到一份不仅高薪而且福利等其他方面也非常不错的工作。”我们从小就接受了很多与此类似的家庭教育。

而在学校，且不论小学中学，即使是大学，即使是财经专业，学校教育所专注的也只是学术知识和专业技能的教育和培养。进入社会之后，五彩斑斓的生活和工作使得人们很快便忘记了学习，或者只是功利性地学习一些有助于职位提升的课程。

于是，我们的人生教育中便缺失了理财这一课。而在现代社会中，理财已经成为基本的生活技能之一，否则将一辈子都要为财务问题而伤神。

1. 个人理财的定义

理财是一个范畴很广的概念。从理财的主体来说，个人、家庭、公司、政府部门，乃至国家，都有理财活动，本书所阐述的主要是个人理财。个人理财（Personal Finance）是从国外引进的概念，西方国家因为尊重个人自由、个体独立，或者从理财中介的角度来说，面对的是家庭成员中的个体，所以称为“个人理财”；而在中国，家庭、家族观念比较重，以家庭为主体进行理财的活动更加普遍，所以称为“家庭理财”更合理。由于先入为主的关系，“个人理财”的说法已经深入人心，故本书仍称为“个人理财”。

理财小提示

☛理财是一个过程，一个漫长的贯穿人生始终的过程，不只是解决燃眉之急的金钱问题而已。

☛理财是现金流量管理。每一个人一出生就需要用钱（现金流出），也需要赚钱来产生现金流入。因此，不管现在是否有钱，每一个人都需要理财。

☛理财也涵盖了风险管理。未来的更多流量具有不确定性，包括人身风险、财产风险与市场风险等，都会影响现金流入（收入中断风险）或现金流出（费用递增风险）。因此，理财必须进行风险管理。

作为一门比较边缘化的学科，个人理财目前还没有一个比较明确、科学的界定。不过，我们可以试着借由其他学问的特质，对“个人理财”作一个简单的描述。众所周知，追求极大化是经济学的基本精神，依照客观事实做成财务记录是会计学的基本原则，资金的筹措及运用是财务学的主要课题。个人理财正是这些学问综合运用的具体呈现，它以经济学追求极大化为精神，以会计学的客观记录为基础，以财务学的运作方式为手段，希望达到实现个人理想、提升生活品质、丰富家庭生活的目标。

“以最少的代价，获取最大的收益”是经济学的基本精神。这并非表示我们吝于付出，而是因为资源有限迫使我们必须作出选择。理财行为就是用聪明的选择，找出代价最少、收益最高的途径，让有限的资源发挥最大的效用。

而对于我们所拥有的以及想要争取的，通过会计学对财富流量及存量的记录，客观地显现在资产负债表以及损益表上，可以帮助我们看清自己的财务状况，进而规划出符合自己需要的、能力可及的财务目标。

对于资金的筹措及运用，财务学可以提供我们最佳的策略及方法，以最少的成本取得资源，并作有效的分配，适应经济循环及环境的变化，配合目标订出适合自己的资产组合。

简单而言，所谓个人理财，是为了实现个人的人生目标和理想而制订、安排、实施和管理一个各方面总体协调的财务计划的过程。更加直白点儿说，理财就是打理钱财，就是赚钱、省钱、花钱之道。

2. 个人理财的范围

个人理财理什么呢？个人理财，就是处理所有和钱相关的事。日常生活中的买东西、付信用卡账单、缴保费、到银行存提款等，都属于理财活动。

（1）赚钱——收入

一个人的收入来源主要有三个：运用个人资源所产生的工作收入，运用金钱资源所产生的投资收入，偶然所得的其他收入。

①工作收入是指通过劳力、智力、智慧的投入而获得的收入，可谓“以人赚钱”，如薪资、奖金、稿费等。工作收入相对比较稳定，容易控制。

②投资收入是指通过资金的投入而获得的收入，可谓“以钱赚钱”，比如债券的利息收入、投资房地产的租金收入、投资股票的股息和红利收入等。投资收入最具灵活性和技术性，能正确掌握投资方法和技巧，并可以灵活运用的人，往往能取得较高的投资收益。反之，可能收益甚微，甚至亏本。

③其他收入主要是指偶然所得，如中奖、接受遗产或馈赠等。

（2）用钱——支出

有人就有支出，有家就有负担，赚钱的主要目的是支付个人及家庭的开销。个人支出可分为三大类：一是消费性支出，二是投资性支出，三是其他支出。

①消费性支出是指为满足家庭的物质和精神生活需要的消耗性支出，包括商品性支出和非商品性支出，如衣食住行、娱乐、医疗等家庭开销。

②投资性支出是指家庭为获取更大收益和保障而进行资产运作的成本支出，如贷款利息支出、保障型保险保费支出、投资手续费用支出等。

③其他支出是指除上述两类之外的所有支出，如罚没款、丢失款和缴纳的各种税款（如个人所得税、牌照税、房产税等）。

（3）存钱——资产

当期的收入超过支出时会有储蓄产生，而每期累积下来的储蓄就是资产，也就是可以帮你钱滚钱，产生投资收益的本金。当人的资源无法继续工作产生收入时（如晚年），就要靠钱的资源产生理财收入或变现资产来支应所需。

资产主要包括以下三类：

① 紧急预备金：保有一笔现金以备不时之需。

② 投资：可用来滋生理财收入的投资工具组合。

③ 置产：购置自用房屋、自用车等提供使用价值的资产。

（4）借钱——负债

当现金收入无法满足现金支出时就要借钱。借钱的原因可能是暂时性的入不敷出，购置可长期使用的房地产或汽车、家电，以及拿来扩充信用的投资。借钱后不能马上偿还会累积成负债，要根据负债余额支付利息。因此，在贷款还清前，每期的支出除了生活消费外，还有财务上的本金利息摊还支出。

负债主要包括以下三类：

① 消费负债：如信用卡循环信用、现金卡余额、分期付款等。

② 投资负债：如融资融券保证金、发挥财务杠杆的借钱投资。

③ 自用资产负债：如购置自用资产所需的房屋贷款与汽车贷款。

（5）省钱——节税

在现代社会中，不是所有的收入都可用来作为支出——有所得要缴所得税，出售财产要缴财产税，财产移转要缴赠与税或遗产税。因此，在现金流量规划中如何合法节省所得税，在财产移转规划中如何合法节省赠与税或遗产税，也成为理财中重要的一环，对高收入的个人更成为理财首要考虑。

节税主要包括以下三种规划：

① 所得税节税规划。

② 财产税节税规划。

③ 财产移转节税规划（该项目前境外较多采用）。

（6）护钱——保险与信托

护钱的重点在风险管理，指预先作保险或信托安排，使人力资源或已有财产得到保护，或当发生损失时可以获得经济补偿。保险的功能为：当发生事故使家庭现金收入无法支应当时或以后的支出时，仍能有一笔金钱或收益可弥补缺口，降低人生旅程中意料之外收支失衡时产生的冲击。为得到弥补人或物损失的寿险与产险保障，必须支付一定比率的保费，一旦保险事故发生时，理赔金所产生的理财收入可取代中断的工作收入来应付家庭的生活支出，或以理赔金偿还负债来降低理财利息支出。此外，信托安排可以将信托财产独立于其他私有财产之外，不受债权人的追索，有保护已有财产免于流失的功能。

保险和信托主要包括：

① 人寿保险：寿险、医疗险、意外险、失能险。

② 产物保险：火险、责任险。

③ 信托。

3. 个人理财的内容

从理财的基础理论来讲，根据个人理财的范围，个人理财主要包括现金管理、资产管理、债务管理、风险管理、投资管理等内容，这五个理财的基本内容互相关联、互相制约、互相促进。

（1）现金管理

现金管理是理财的基础。包括各项收入的筹划和管理，各项税费的管理，各项日常支出的管理，现金的积累和短期储蓄等。具体的管理工具和形式有各式各样的银行卡储蓄方式、支出方式、节俭手段等。

（2）资产管理

资产管理是理财的重心。资产具体包括固定资产、流动资产等。固定资产有房产、铺面等，流动资产包括储蓄资产、投资资产、保险资产等。资产管理是家庭理财的重点，合理有效的管理需要适当配置各种资产。

（3）债务管理

债务管理是理财的关键。债务并非完全的坏事，合理地管理债务是迅速达到理财目标的捷径，只要把债务控制在一定的合理的范围之内，就对优化财务结构有很好的作用。比如在财力许可的情况下可以通过按揭提前实现高品质的家庭生活，通过金融信用延迟支付货款往来等，从而更快实现财务目标。

（4）风险管理

风险管理是理财的关键。有效的风险管理是现代社会先进的标志，没有对风险的管理，交通工具不能上路运营，贸易货运不能出门出海流通，商场大厦无法入住营业。流动性和小家化也决定个人进行风险管理是大势所趋。

（5）投资管理

投资管理是理财的要点。在理财范畴内，投资增值是最需要专业知识的，也是实现个人理财目标最关键的步骤,所以如何实现投资的有效管理就很重要。

二、什么是投资

投资其实只是理财的一个组成部分，本来没有必要在此单独介绍。但是，因为大众习惯把“投资”和“理财”两个概念放在一块儿使用，所以这里先着重介绍一下投资的概念，以帮助大家搞清“投资”和“理财”的关系，为更好地认识“理财”奠定基础。

1. 投资的定义

根据经济学上的定义，投资是指牺牲或放弃现在可用于消费的价值以获取未来更大价值的一种经济活动。

理财小提示

投资有别于构想如何赚取更多的财富，而是致使财富能够产生“雪球效应”。事实上，只要你明白投资的奥秘——“以金钱创造金钱，而非以劳力创造金钱”，就可以无须工作，甚至游戏人间，亦可过着优质的美好生活。

通俗一点来讲，能让你的本金在未来增值或获得收益的所有活动都可叫做投资。投资活动的主体与范畴非常广泛，本书所描述的投资主要指个人投资，或叫家庭投资。

格雷厄姆认为，投资的确切定义应该蕴涵着三个彼此关联、密不可分的重要因素。他所给出的定义是：“投资是指经过详尽分析后，本金安全且有满意回报的操作。”格雷厄姆关于投资的定义与众不同！他着重指出“投资”所特意强调的这种安全的保障不能建之于市场虚假的信息、毫无根据的臆断、内部小道消息的传播甚或十足的赌性之上；“投资”的安全性必须取决于投资对象是否具备真正的内在价值或存在一个价值变化的空间，而要确切地把握这一关键之处或达到“边际安全”，只有通过利用客观的标准对所能够掌握的信息进行详尽分析。

本书认为前两个定义都略微有些失之偏颇，故认同格雷厄姆对投资所下的定义。

2. 投资的基本特征

根据格雷厄姆的定义，投资有以下三个基本特征：

①投资必须是建立在详尽分析基础之上。所谓详尽分析，是指通过以既定的安全和价值标准对投资对象进行的研究工作。

②投资应该具有安全保障。当然，证券市场上的投资始终充满了和伴随着各种风险，从来也没有绝对的安全。但经过详尽分析以后被选定的投资对象应该具有投资的内在价值，同时存在着相对安全的价值空间，而这正是保障其在

通常和可能的情况下没有较大的风险，也是其可以避免意外损失的安全体现。

③投资的结果是必须能够得到满意的回报。这种令理性的投资者满意的回报，具有更广泛的含义，即不仅包括了利息和股息，而且也包括了资本增值和利润。

3. 投资的资本来源

投资的资本来源包括：

①通过节俭的手段增加，如每个月工资收入中除去日常消费等支出后的节余。

②通过负债的方式获得，如借入贷款等方式。

③采用保证金的交易方式以小博大，放大自己的投资额度。从理论上来说，其投资额度的放大是以风险程度提高为代价的，它们遵循“风险与收益平衡”的原则，即收益越高的投资则风险也越大。所以说任何投资都是有风险的，只是相对大小程度不同而已。

4. 投资的方式

个人投资的方式有很多，基本可以分为以下三类：

①金融市场上买卖的各种资产，如存款、债券、股票、基金、外汇、期货等。

②在实物市场上买卖的资产，如房地产、金银珠宝、邮票、古玩收藏等。

③实业投资，如个人店铺、小型企业等。

5. 投资与投机、消费、理财的关系

（1）投资与投机

有些人如此定义投资与投机的关系：“一次成功的投机就是投资，而如果投资不太成功就是投机。”这种将投资与投机混为一体的认识无疑过于肤浅了，因为这只是从两者活动的最终结果来对其加以界定，而不是在全面地分析其基本特征后加以定义的。

还有些人这样来区分投资与投机：“如果购买期货或者股票（采用保证金交易，或者持有股票的时间比较短）就是投机，因为风险大，追求的是风险性收益；如果购买债券（采用现金交易，或者持有股票的时间比较长）就是投资，因为风险小，属于追求安全性收益。” 这些纠缠于表象上的差别并非投资与投机的真正差别，因为上述评判标准本身总是处于变化状态下或是捉摸不定，无法作为确切判断的依据。例如，人们曾固执地认为债券是一种极为安全的投资

对象而股票却蕴涵着极大的风险，因此购买债券便是投资，而购买股票则理应属于投机。实际上，并不是所有的债券都是投资的对象。如果一种债券没有安全的内在价值，购买其无疑就等同于是一次彻头彻尾的投机，并且是一次危险极大的投机；而如果一只具有安全性的股票，对其操作就是一次投资，而且是一次具有安全保障的、能够得到有效回报的投资。所以，购买股票可以是投资，使用保证金交易可以是投资，而怀着快速获得利润的目的进行的操作也可以是投资。

投资与投机其实是两个截然不同的经济范畴，两者之间存在着显著的、本质上的差别。投资与投机之间最根本的差别，是付出能否获得安全性的收入。真正认识投资与投机的本质差别，对于投资者树立科学、理性、安全、有效的投资理念至关重要。

（2）投资与消费

消费与投资是一个相对的概念。

消费是现在享受，放弃未来的收益。

投资是放弃现在的享受，获得未来更大的收益。

（3）投资与理财

人们很容易把投资和理财混为一谈，其实两者完全是不同的概念。应该说，理财的内涵远大于投资，理财关注的是人生规划，内容十分宽泛，包括教育、购房安排、养老规划、保险规划等；投资只是理财中的一个组成部分，它关注的是“钱生钱”的问题，以实现财富的保值与增值为目标。

声明

本书的主旨是谈论个人理财，但为遵循大众习惯，仍然使用“投资理财”一词，这并不代表本书认同“投资理财”是个恰当的称谓。本书中所有的“投资理财”实际上都是“理财”的大众化称谓，其本质还是“理财”。

特此声明！

三、理财新观念

1. 健康即省钱

有道是“健康是福”，身体健康不上医院不吃药，自然就能省下一大笔钱。如果不顾身体而节省，什么钱都不舍得花，无疑步入一种“贪小失大”的误区。何况，如今医药费已不可能全报。一旦身体不适，上一次医院少则几十元，多则几百元。若患上重病，可能会将多年积蓄一扫而光，严重的甚至有倾家荡产的危险。因此，应该在健康上多做些投资，唯有健康才是最大的节约。

2. 平安如赚钱

人生在世，平平安安不仅是一种福气，而且等于赚了钱。理财当把安全放在重要位置上。从居家到出门，从大人到小孩，从用电到用火，从骑车到走路……都应该做好安全防范工作。一些“硬件”，如自行车、热水器、高压锅、电线，如果老化、破损、陈旧、超期……就应该及时调换，不能为了省钱而将就。安全上不出问题，等于抱了一个“金娃娃”。

3. 心明不破财

现在市场上“李鬼”不少，骗人的把戏更层出不穷，且往往打着各种诱人的幌子。为此，要使自己不受骗破财，就应该保持足够警惕。尤其是对那些类似“双簧”的把戏，更应该克服“贪便宜”的心理，离得越远越好。“天上不会掉馅饼”，明白了这一点，你就不会上当受骗。不破财也就是最成功的理财。

4. 发现等于发财

现在值钱的东西越来越多，诸如钱币、字画、古董、家具、古籍……一旦发现其身价，简直是挖到了一堆金元宝。因此，在理财过程中还应该善于发现，一旦有所发现就会给你一个惊喜。

尽管不是每个家庭都有可发现之物，但“明珠”被埋没的家庭恐怕也不会是少数。如上述这类值钱的东西在不少家庭都是可以找出一些来的。即使没有古董，现代的东西，如分币、像章、粮票、小人书……现在也开始值钱了。因此，在理财中，应该时时翻翻家里的“老底”，理理角角落落那些不起眼甚至是积满灰尘的东西，说不定也会有所发现，给你一个极大的惊喜呢。

第二节　为什么要投资理财

小故事

你的“黄金”有没有被偷

从前，有一个富翁，他有一大袋的黄金放在床头，这样他每天睡觉时就能看到黄金，摸到黄金。

但是有一天，他开始担心这袋黄金随时会被歹徒偷走，于是就跑到森林里，在一块大石头底下挖了一个大洞，把这袋黄金埋在洞里面。隔三差五地，这个富翁就会到森林里埋黄金的地方看一看、摸一摸他心爱的黄金。

有一天，一位歹徒尾随这位富翁，发现了这块大石头底下的黄金，第二天就把这袋黄金给偷走了。富翁发觉自己埋藏已久的黄金被人偷走之后，非常伤心，正巧森林里有一位长者经过此地，他问明富翁为何伤心欲绝，然后对这位富翁说：“我有办法帮你把黄金找回来！”

话一说完，这位长者立刻拿起金色的油漆，把埋藏黄金的这块大石头涂成金黄色，然后在上面写下了“一千两黄金”的字样。写完之后，长者告诉这位富翁：“从今天起，你又可以天天来这里看你的黄金了，而且再也不必担心这块大黄金被人偷走。”

富翁看了眼前的场景，半天都说不出话来……

不管你有多少金银财宝，如果只是藏在洞穴里而不肯拿出来使用，那么这些金银财宝就与涂成黄金样的大石头没什么两样。

现实生活中，如果你只知道死守着钱存在银行，而不肯善加利用，那么这些钱的价值便无从体现，而且会随着通货膨胀而日益贬值，也就是一天一天被慢慢“偷走”。

请问，你的“黄金”有没有被偷走呢？

一、对抗通货膨胀

目前，储蓄仍是大部分人传统的理财方式。很多不想为理财伤脑筋的人总以为：把钱定存就好了，每年有固定利息，又不用为理财忙东忙西，何乐而不为？其实，这种观念真是大错特错。钱存在银行，短期来看似乎是最安全的，但从长期来看却是最危险的理财方式。为什么呢？因为货币价值有一个“隐形杀手”——通货膨胀，它会把你银行的钱“偷走”。

举个例子，如果你借给我 100 元，而我只还 95 元，你或许并不介意，毕竟只少了 5 元钱；可是，每次你借钱给人，别人都打九五折还给你，你一定会跳起来，不是吗？

那么，你有没有意识到，由于通货膨胀的存在，你的购买力也在持续地缩水？当每年的通货膨胀率高于定存利率时，就代表钱的价值缩水了。一年 5%的通胀率也许不是什么大事，但是 30 年持续 5%的通胀率就会对资产的实际价值产生重大的影响。

或许你会怀疑这种现象是否真的常发生。还记得 20 世纪 80 年代的“万元户”吗？那个年代，拥有 1 万元简直就是家庭拥有巨额财富的代名词，普通人可望而不可即。可是到了今天，1 万元可能只是你一两个月的薪水而已……如果以年通胀率 5%计算，你今天的 100 万元 10 年后实际价值将变成 59.87 万元，你白白损失了近 40%！30 年后呢，你损失了 79%，100 万元变成了 21.46 万元，近 80 万元白白蒸发了！

最近几年，全球吹起降息风，利率越来越低，但物价却节节升高。所以，可千万不要再以为钱放银行就没事了！持续的通货膨胀，将使你的财富一天一天缩水，一段时间以后你或许已经由富人变为穷人了！

【案例】

假设李老板现在有 1000 万元余钱，计划 20 年后靠这笔钱退休安享晚年；另外假设每年的通货膨胀率是 3.5%。现在有三个投资方案：方案 1 是放到银行，整存整取五年定期的年利率是 4.5%；方案 2 是完全投资在国债上，年利率是 3.5%；方案 3 是投资在美国股票市场，预计长期的年收益率是 10%（标普 500 指数 80 年来的复合年平均收益率是 9.5%）。

20年后这三种投资的实际购买力的结果会相差多少？

方案1：扣除通胀因素后的实际币值是1220万元。

方案2：扣除通胀因素后的实际币值没有发生变化。

方案3：扣除通胀因素后的实际币值是3523万元。

方案3的实际价值是方案1的近3倍，是方案2的3.5倍。

结论：对于长期投资来说，年平均收益率的微小差别对未来的财富价值有很大的影响。所以，即便你现在已经积累了可观的财富，但要避免通货膨胀吞噬你的财富的最好办法还是投资。

那么，要想让自己辛辛苦苦攒的血汗钱尽量地增值保值，该怎么办呢？是存银行？是做生意？是炒股票？是买保险？是买黄金？是买房地产……

有一个非常朴素的道理：钱只有投入到社会经济活动中运转才能保值。比如，做个小生意卖茶鸡蛋，以前是3毛进5毛出，如果通货膨胀导致鸡蛋涨价，那就5毛进8毛出，把通货膨胀的压力转移出去，我们的劳动价值得以保存。对普通人而言，钱赚得很辛苦，所以首先钱必须绝对安全，然后才考虑保值。当然，如果风险不大的话，也可以追求点收益。

如果选择一个好的项目，投资实业往往能获得非常可观的收益，不仅抵御通货膨胀不成问题，而且还能使财富稳步增值。但是，投资实业操作要求高，市场风险大，也有血本无归的可能。再说，普通人一般要上班，哪有时间和精力去投资实业。这种理财方式只适合一部分人来做。

或者信得过的话，参与投资也不错。股票、基金、期货都是不错的金融投资工具。从一个相对较长的历史周期看，战胜通货膨胀的较好金融工具主要是股票或者股票基金。1980—2004年，美国投资股票的实际年收益率高达9.47%（扣除通胀因素）。在我国，股票型基金的实际运行结果也已初步显现了战胜通货膨胀的效果。1999—2004年我国股票型基金（含混合型基金内）的年均投资收益率是 6.02%，远远战胜了同期的通货膨胀水平。股票和期货风险很高，需要投资者具有专业的操盘技能，所以进入门槛比较高，普通投资者慎入。基金是把钱交给专家打理，风险较低，投资者只要选好基金公司即可，相对简单。

投资自己，让自己掌握谋生的技巧和技能，提升层次，可以在参与社会经济活动时挣更多的钱，甚至“一招鲜，吃遍天”。但是，人有旦夕祸福，有时候也要考虑到风云变幻的人生并不是完全靠人的能力能支持的。

投资黄金和房地产也是个不错的理财手段，至少能全部或部分保值，但是投入大，变现能力差，一般人不可能把它们作为主要的投资方式。收藏就更加复杂了，不但要有足够的资金，还得有学问、有眼光，否则不适合作为自己的理财手段。

购买保险，把钱交给保险公司，也是参与社会经济活动，到时候也能分点红，获点利益，当然保险公司拿大头，百姓拿小头。购买保险可以部分保值，或者好的话能增值，还能同时获得一定的保障，并且投入也不大。按说这是非常好的理财手段。可惜保险有信用的问题，还有不能应对短期需要的问题。

二、平衡生命周期内的收支差距

平衡生命周期内的收支差距是理财规划的首要目标。

理财要管理一生的现金收支，它将伴随人生的每个阶段。在不同的人生阶段，家庭的财务状况、获取收入的能力（人的一生中只有约一半时间有赚取收入的能力，不同生命阶段的现金流入与流出并不均衡）、财务需求与生活重心等都会不同。因此，人生不同阶段的理财重点和理财策略应该有所不同，以平衡生命周期内的收支差异，满足不同生命阶段的需要。比如，通过合理规划，将工作期内的收入进行储蓄和投资，来满足购房、子女教育和退休养老等需要。

在这里，我们顺便明确一下个人的生命周期（表 1–1 为生命周期收支表），并简单介绍相应的理财建议。

1. 成长期

成长期是指一个人从出生开始到踏入社会参加工作为止，一般为生命的第一个 18 年。成长期中基本上是负收入。在这个时期，大多数人都在学校，生活费用全靠父母。一旦你毕业参加工作了，你的财务生命周期就真正开始了。

成长期可以说是财务生命周期的胎儿期。在此生命阶段，以充实理财知识、锻炼理财技能为主。

2. 成年期

成年期是指参加工作至结婚的时期，一般为 1~5 年。此时的收入比较低，消费支出大，资产较少，可能还有负债（如贷款、父母借款等），甚至净资产为负。但是，该时期没有太大的家庭负担，风险承受能力较强，精力又十分旺盛。

这个时期的理财重点是为未来家庭积累资金，通过提高自身素质快速积累财富，培养良好的理财能力，为未来的投资理财奠定扎实的理论基础和实战经验。另外，由于此时负担较轻，年轻人的保费又相对较低，可以为自己买点人寿保险，减少因意外事故导致收入减少或负担加重。

3. 家庭期

（1）家庭诞生期

家庭诞生期是指从结婚到新生儿诞生时期，一般为1~5年。此时的投资理财一般以家庭为单位进行。这个时期的经济收入普遍增加，生活日趋稳定，家庭已经具备一定的财力并初具规模。但是，这一时期是家庭消费的高峰期，家庭支出明显增加，比如举办婚礼、买房、装修、买车等。

这个时期的家庭理财以稳妥应对家庭建设支出为主，财富积累为辅，并积极关注投资理财信息，把握安全系数较高的投资理财机会。

（2）家庭成长期

家庭成长期是指从小孩出生到他上大学，一般为9~15年。在这一阶段里，家庭成员不再增加，家庭成员的年龄都在增长，家庭的最大开支是保健医疗费、学前教育、智力开发费用等。随着子女的自理能力逐渐增强，家长的时间和精力得到释放，而且还积累了一定的工作经验和投资理财经验，投资理财能力大大增强。

这个时期的家庭理财策略应该积极进取一些，以获取更多财富为主，保护已有财富和保障正常生活为辅，迅速提高自己的投资理财技能，从“手停口停”的拼命工作向“蛋生蛋，钱生钱”的轻松理财转变。另外，保险的购买应偏重于教育基金和自身保障等。

（3）子女教育期

子女教育期指孩子上大学的这个时期，一般为4~8年。这一阶段里，子女的教育费用和生活费用猛增，而且家中的老人往往也需要更多的医疗保健费用，财务上的负担通常比较繁重。

因此，此阶段的理财策略应该“稳”字当头，以保障正常生活为主，保护已有财富为辅，适当进行高风险性投资以获取财富。如果缺乏有效理财的能力，千万不可冒进理财，以免“赔了夫人又折兵”。

4. 家庭成熟期

家庭成熟期是指子女参加工作到家长退休为止这个时期，一般为15年左右。这个阶段里自身的工作能力、工作经验、经济状况都达到高峰状态，子女已完全自立，债务也逐渐减轻。

因此，本阶段的家庭理财策略是“积极进攻”，以获取财富为主，通过扩大投资为退休（或者提早退休）作准备。但是，由于此时已经步入人生后期，万一投资失败就会葬送前半生的财富积累。所以，在选择投资工具时，权衡的首要因素应该是风险，尽量减少高风险的投资。此外，还要储备一笔养老金，并且这笔钱是雷打不动的。保险是比较稳健和安全的投资工具之一，虽然回报偏低，但作为强制性储蓄，有利于累积养老金和资产保全，是比较好的选择。在此时期，投资保险可以偏向于选择养老、健康、重大疾病等险种。

5. 退休期

退休期指退休以后。这一时期的主要内容是安度晚年，投资理财策略通常都比较保守，以保障正常生活为主，保护已有财富为辅。在此时期最好不要进行新的投资，尤其不能再进行风险投资。

表 1-1　生命周期收支表

人生阶段	成长期	成年期	家庭期	家庭成熟期	退休期
阶段说明	出生至踏入社会工作	踏入社会至结婚前	婚后 20 年	婚后 20~30 年	退休后
投资特性	无投资能力	可承担较高的风险	经济渐渐稳定，随着小孩的诞生，负担也加重	事业及收入达到顶峰	风险承受能力较低
理财重点	充实理财知识	结婚、购房、自备款	购房、子女教育基金	退休基金	本金安全及固定收益

三、过上体面舒适的日子

要是不能享受努力工作带来的回报，那么辛辛苦苦地工作又有什么意义呢？

每个人都希望过更好的日子，而不仅只是满足由生到老的基本生活需求。然而，职业上的工作收入有其极限，而且必须要付出精力、时间才能换取。因此，当财富累积到一定的程度后，理财的重点就转向资产存量的配置，也就是有效地运用财富，产生投资收益，让自己和家人过更好的生活。

理财有助于我们获得更加有品质的生活，实现人生的梦想。踏入社会之前，每个人都曾编织过五彩斑斓的梦想。可是，走入社会之后，许多人为了生活而苦苦奔波，不得不将自己的梦想深深埋入心底。这是何等的悲哀啊！生活，本来是用来享受的。但是，因为各种各样的重负，有多少人深陷在生活的泥沼中无法自拔？

诚然，“金钱不是万能的”，但如果没有金钱却真是万万不能的。如果我们有足够的金钱，并具备良好的理财能力，我们就可以撇开并不喜欢的工作，走出不喜欢的城市，远离不喜欢的生活方式，去追逐自己的梦。罗伯特·清崎在47岁时宣布提前退休。他为什么可以不用工作？因为他有足够多的钱，并且非常善于理财，所以他即使自己不工作，仍然可以保持已有的生活水平（甚至可能超越已有的生活水平）。在这样的情况下，他可以有更多的时间做自己喜欢的事情。他所有的这一切都离不开“理财”。

四、防范危机，避祸即得福

理财小提示

生活在当下，环境和社会的大变化让我们不再轻松，我们不再有单位可以依靠终生。我们知道未来是不确定的，说不定一场大病或者一次意外就能让自己风雨飘摇；我们还需要整天琢磨着怎样在孩子身上多投点资，或者让父母和自己“老有所养”，又不至于增加子女负担。但是，看看周围的物价，我们又深感不安。上个月1斤白菜是3毛，这两天就涨到6毛了；而放在银行的仅有的那点存款好像蜗牛一样在原地踏步。

是的，我们该打点理财的主意了。

生活中隐藏着许多财务危机，但很多人对此并没有清醒的认识。所谓财务危机，原指企业无力支付到期债务或费用的一种经济现象，这里借指个人生活中的财务问题。

个人财务危机有如下一些特征：

1. 积累性

财务危机往往是一定时期中各种活动（如投资、消费、收入、支出、意外事故等）的综合。生活中有很多潜在的危险可能会导致家庭陷入财务危机，这些潜在的危险包括：

①投资失误。如利用举债、融资的方式进行过度的投资，因为投资失误而遭受惨重损失。

②过度超前消费。比如贷款买房、买车，每月还款额度超过家庭收入70%，导致财务状况岌岌可危。

③由于家中主要工作者的亡故、意外失去工作能力等，使家中主要经济来源中断。

④家中成员患重大疾病，尤其是慢性病。庞大的医药费支出，往往使一般家庭无法负担。

⑤受人连累而负债。比如为人担保，到头来可能会莫名其妙地背了一身债。

⑥月光一族。“月光光，心慌慌。”看似潇洒自在，其实危机四伏。

这些潜在的危险日积月累，最终将会使个人财务步入危机。

2. 突发性

财务危机受到许多主、客观因素的影响，其中有些因素是可以把握和控制的，但也有很多因素是突发性的、意外性的，有的甚至是急转直下。这导致个人无法应对这些突如其来的变化。因此，财务危机表现为突发性。

3. 复杂多样性

财务危机形成不是单一事件的结果。由于个人对环境某些因素的不适、投资活动某一过程的失误、财务行为的过失等都有可能带来财务危机，而这些环境、投资活动、财务行为方式等均表现出复杂多样性。

4. 灾难性

财务危机的发生可能会给家庭带来灾难性的影响。虽然有些财务危机可以通过采取一系列的措施化解，但因此而对生活造成的冲击不能忽视。更何况，有一些财务危机，若无预防措施，一旦发生很可能让一个家庭面临崩溃。

面对财务危机，一定要通过理财构筑一套“防御工事”。比如 “保险”就是“防御工事”之一。投保时要掌握好“保险归保险，投资归投资”，使保险充分发挥其保障性功能。再比如，家中一定要存有一笔相当于3~6个月家庭收入的“紧急资金”。这笔资金不一定是现金存款，也可以是变现性较强、较安全的投资工具，如定期存单、国债等。

五、保护已有财富

理财有助于我们保护已有的财富。

中国有句古话："打江山容易守江山难。"在这个世界上，获取一定的财富并不是非常困难的事情，保护所获取的财富才是困难的事情。

比如，有些人轻松地获得了大量的财富，但却在不长的时间之内将其损失殆尽，因为他们不懂得理财。举例来说，每年都有很多人通过中奖的方式获取财富，却有 80%的中奖者会在两年内花光所有的奖金，甚至有些人会把自己原有的财富也一起挥霍光。

再比如，有些人辛苦劳作一辈子所积累的一笔财富，却在一夜之间化为乌有或者大幅缩水，这也是因为他们不懂得理财。举例来说，有位华侨在美国辛苦打拼一辈子，把毕生积蓄存于某家银行，却不幸遭遇这家银行破产，按照当地的法律，政府只保护 10 万美金以内的存款，其余的全部打了水漂。再举例来说，很多人在世时富甲一方，但去世后遗产税甚巨，子女仅能享受一半的遗产，甚至因为无力支付遗产税而被迫放弃遗产。

六、聪明累积财富

小故事

从前有一位国王与国际象棋冠军下棋。国王问他："如果你赢了，希望得到什么奖赏？"冠军回答说："希望陛下赏我大米。"国王又问："你想要多少呢？"冠军说："请陛下叫人在棋盘上放米粒，第一格放一粒，第二格放两粒，第三格放四粒，第四格放八粒，就这样按照后一格比前一格多一倍的规律放下去，一直放到最后一格为止。"国王心想：小小棋盘一共才那么几十格，能放下多少粒米？就爽快地答应了。几盘棋下来国王输了，马上令人抬来一袋米，对冠军说："你赢得也不容易，多给你一点算了，就免掉在棋盘上放米粒的麻烦吧。"冠军坚持要按原先讲好的办。国王不能当众食言，只好叫人数着米粒往棋盘的格子里放，不多久就放不下了。国王命一位懂数学的大臣算算看到底需要多少米？算出来的结果把国王吓坏了，不要说一袋米不够，就是将全国粮仓中的米都搬来也还差很远！国王顿时满面愁容不知所措，这时冠军挥挥手笑道："我宣布放弃国王陛下赐予的奖赏，其实我只是想借此机会显示一下指数的威力！"

指数是同一数的连乘积。例如，国际象棋的棋盘共有六十四格，在这些格子里按指数律放米粒，除了第一格放 1 粒米以外，其余的格子内放的米粒数都是 2 的连乘积：第二格里的米数是 2，第三格里是 2×2=4，第四格里是 2×2×2=8……依此类推，最后一格——第六十四格里是 2 连乘 63 次，大约等于 922 亿亿粒！如一斤米以两万粒计算，就合 461 万亿斤！将全中国的耕地都拿来种稻米，也要好几百年才能收这么多。如果将前面六十三格里的米粒也算在内，总数还要增加近一倍！这就是指数的威力，难怪国王不知所措了。

理财除消极地对抗通货膨胀之外，还可积极地帮薪水族创造财富。通过有效理财可以使钱赚钱，这样累积财富的速度会远比靠着每月微薄薪水节省度日来得快。

在理财创造财富的过程中，指数的威力得以充分显现。假设每年理财的回报是 5%，则 15 年后家庭财富可以翻番；若每年回报是 10%，则大约 7 年半后，财富就可以翻番；若回报超过 15%，则不到 5 年财富就能翻番。假设每年回报 20%，坚持理财 20 年，则原始的 50 万元就能变成将近 2000 万元。

表 1-2 表示个人财富的升值空间，横向表示每年通过理财得到的回报率，纵向表示理财年限，相应表格中的数表示财富增加的倍数。

表 1-2　财富升值空间表

	5%	10%	15%	20%	25%	30%
5 年	1.28	1.61	2.01	2.49	3.05	3.71
10 年	1.63	2.59	4.05	6.19	9.31	13.79
15 年	2.08	4.18	8.14	15.41	28.42	51.19
20 年	2.65	6.73	16.37	38.34	86.74	190.05
25 年	3.39	10.83	32.92	95.40	264.70	705.64
30 年	4.32	17.45	66.21	237.38	807.79	2620.00

财富增长的速度是多么迅速，这是单纯靠工作挣钱所得不到的高回报！

理财有助于我们获取财富。财富的积累需要一个过程，理财可以加速财富的积累，从无到有，从少到多，实现原始财富的积累与财富的进一步增值。

理财小提示

为什么要理财？其实这个话题可以分成两个方面来探讨：一是理财有什么好处；二是不理财会有什么坏处。上文已经谈论了理财的好处，接下来我们看看如果不理财会有哪些坏处。

☛不理财可能会导致我们非理性消费，浪费我们辛辛苦苦挣来的血汗钱，而这些钱本来可以用在其他方面，使我们的生活更加美好。

☛不理财可能会导致我们的收益偏低，甚至任凭通货膨胀吞噬我们的财富。

☛不理财可能会导致我们投资不当，损失惨重。

☛不理财可能会因为上面的原因导致我们个人或家庭财务陷入困境，从而极大地增加我们的生活压力。

☛不理财可能会由于生活压力而拼命工作，损害自己的健康，而且，压力过大本身也会损害健康。

☛不理财可能会让我们丧失许多机会。

☛不理财可能会让你与心爱的人今生无缘。这个社会毕竟是现实的，你对另一半的爱需要你的经济来支撑。

第三节　怎样规划投资理财

小故事

你会选哪个产品

王先生刚买了房，20 年固定利率贷款，年利率是 6%，可以提前还贷款。5 年期零存整取的年利率是 4%。

现在有两个保险经纪人向王先生推销寿险产品。产品一是 20 年期，每个月交 100 元，只要在这期间身亡就赔 10 万元；产品二也是 20 年期，每个月存 300 元，只要在这期间身亡就赔 10 万元，如果 20 年后依然健在，其本金共 72000 元全部返还给投保人。

你会选哪个产品？

应该选产品一。因为王先生的固定利率贷款把他的资金成本提高了 6%。在这一资金成本下，产品二相当于每个月交 145 元保费。为什么用固定贷款利率来做资金成本？因为王先生完全可以把多出来的钱用来还贷款，而每月多还 155 元贷款，累计 20 年的效果在 20 年后就是 72000 元。

但是，如果王先生已经还清了贷款，而他在除了 4%年利率的储蓄外，又没有其他可行的和可以接受的投资渠道，则他应该选产品二。因为在这一资金成本下，产品二相当于每月只交 86 元保费。

如果身处豪门，家财万贯，你可以不用理财，因为很多人会抢着帮你理财，想不理都难；如果一辈子一穷二白，口袋从来没超过半年的口粮，那么你也不用理，因为你没有本钱，要知道理财也是有一些嫌贫爱富的；如果你这辈子能一直有个可以信任的人或单位组织让你依靠，让你不愁吃不愁穿，你也可以不用理财，因为理财尽管说不上累，但还是要费点心神的。

这三种人，理不理财都是不太要紧的。

如果你不是以上三种人，而是那种口袋里多个几千块甚至几百块都能高兴好几天的人，那么你就应该理财了。

那么究竟该如何理财呢？

凡事都需要讲究方法，理财也不例外。只要遵循正确的步骤，往往可以使你事半功倍。推荐你遵循以下六个基本步骤，可以帮助你更快地掌握理财要点。当你熟练掌握后，会发现理财原来是那么简单！

一、准备

正所谓："知己知彼，百战不殆。"在进行投资理财之前，进行一定的准备工作是非常必要的。比如，分析自己的能力、财力和精力，了解市场的现状和发展趋势，熟悉投资理财的品种，等等。然后，针对自己的不足，通过自学、交流和参加培训等方式来充实和提高自己。

1. 自我了解

从理财的角度来说，自我了解就是指充分地了解自己在时间、精力、财力、心理上的基本情况。

（1）时间

俗话说："时间就是金钱。"这句话真实而鲜活地道出了时间与金钱之间的关系，但并不十分准确。其实，时间比金钱更为重要，因为"钱是可以借用的，而时间绝不可以借用，时间远比金钱宝贵"。所以，要想理财，首先要管理好自己的时间。

理财需要一定的时间投入。在准备进行投资理财之前，首先应该检查一下自己的时间分配情况，剔除不合理的时间安排，然后按轻重缓急重新来进行时间的管理规划。

如果你准备自己来打理自己的财富，却宁可花一上午的时间排队去购买超市里八五折的青菜，而不愿意花时间去学习理财知识、锻炼理财技能、提升理财实战经验，那就说明你的时间安排很有问题，该是调整的时候了！

如果你的日程表已经排得满满的，确实无法抽出时间来理财，那建议你还是将钱交给专业人士来打理吧！

（2）精力

每个人的精力都是有限的。要把这有限的精力投入到无限的世界中去，没有取舍肯定不行。

如果你每天都是忙忙碌碌，早出晚归，好不容易回到家就只想瘫倒在沙发上，除了看电视什么也不想做。那么你的精力不足以应对理财这个庞大的工程，还是把钱交给那些理财专家打理才是正道！

如果你有充足的空闲时间，但你宁可出去泡酒吧，也不愿意学习投资理财的知识技能；或者，宁可陪孩子逛逛公园，也不愿意分析家庭的财务状况；又或者，宁可驾车游览大好河山，也不愿意规划一下未来的理财方向。那么，恭喜你，你可以雇佣一个专家来帮你打理财富了！

如果你对理财有兴趣，又有精力亲自打理，那就赶快开始享受这个美妙的金钱游戏吧！

（3）财力

财力是理财的前提。如果你根本没有钱，那就只能想办法赚钱，而不是花心思理财。可是，只要你有钱，不管多少，理财都是你无法回避的课题，尽管你可以将这项工作委托给那些理财专家来做。

如果你决定自己理财，那么在理财之前必须要理清自己的财务状况。你到底有多少家产？哪些是固定财产？流动资本有多少？所需偿还的债务又有多少？有多少可以用来再投资？自己（家庭）平时的总收入是多少？平时的总支出是多少？自己（家庭）处在什么样的社会经济地位？是否掌握了一定的投资方式和投资技能？自己能承受多大的投资亏损？只有对上面这些问题思考清楚了，才能有效地开展家庭投资理财，从而不至于在起跑之前就先摔个大跟头。

要清楚了解自己的财务状况，可以通过填制家庭资产负债表、家庭收支表等家庭财务报表来实现。

（4）心理

面对理财，很多人都沉迷于研究各种各样的知识和技术，反而忽略了心理上的准备。这是舍本逐末的举动！如果没有良好的心理准备，就无法充分发挥理财知识和技能的作用，并会阻碍我们在实际理财中作出正确的判断和及时的决定。

由于理财直接涉及自己的财物，稍有不慎就会影响生活，所以很容易让人方寸大乱。所以，必须事先做好充分的心理准备，真正认识理财风险（尤其是投资，风险较大，必须谨慎），能够承受理财失败所带来的生活压力和精神压力。

比如，2007年年初的股市行情“如此多娇”，引无数投资者“竞折腰”！很多新股民入市之初，只想着赚钱，但几乎没有对亏钱做心理准备。当大盘顺风顺水地上涨时，每个人的脸上都笑开了花，纷纷追加投资，甚至借款、贷款投资，以求大发一笔。但没想到风云突变，大盘在 5 月底突然深度回调，很多人的账户几天之内就缩水了 30%~40%。

盲目追加投资是第一个错误，而大规模下跌初期没有及时止损是第二个错误。这两个错误都是因为他们对风险的心理准备不足，未能充分重视风险管理。以股市大规模下跌为例，在初露下跌征兆的时候，他们想当然地认为，大盘会在几天之内翻转，继续无穷无尽地上涨。但接连几天的狂跌引起越来越多的恐慌，那些没有心理准备的投资者，终于承受不住恐惧的煎熬，开始不顾一切地盲目杀跌，而此时已经损失惨重了。

2. 掌握理财知识

虽然人人都在理财，但每个人的理财效率却有天壤之别。其实，理财并不简单，它是一门学问。只有掌握了理财的相关知识和技能之后，才有可能进行持续高效的理财。

理财基础知识和技能的讲述将会在第二章展开，在此不再赘述。

3. 熟悉理财渠道

在了解自我并掌握理财知识之后，就应该开始熟悉理财的渠道。理财渠道有很多，如储蓄、债券、基金、股票、外汇等。

本书第三部分将会具体介绍这些理财渠道，在此也不再赘述。

二、设定目标

小故事

曾有人做过一个实验：组织三组人，让他们分别向十公里以外的一个村子步行。

第一组的人不知道村庄的名字，也不知道路程有多远，只告诉他们跟着向导走就是。刚走了两三公里就有人叫苦，走了一半时有人几乎愤怒了，他们抱怨为什么要走这么远，何时才能走到？甚至有人坐在路边不愿走了，越往后走他们的情绪越低落。

第二组的人知道村庄的名字和路段，但路边没有里程碑，他们只能凭经验估计行程时间和距离。走到一半的时候大多数人就想知道他们已经走了多远，比较有经验的人说："大概走了一半的路程。"于是大家又簇拥着向前走。走到全程的四分之三时，大家情绪低落，觉得疲惫不堪，而路程似乎还很长。然后有人说："快到了！"大家又振作起来加快了步伐。

第三组的人不仅知道村子的名字、路程，而且公路上每一公里都有一块里程碑，人们边走边看里程碑，每缩短一公里大家便有一小阵的快乐。行程中他们用歌声和笑声来消除疲劳，情绪一直很高涨，所以很快就到达了目的地。

上面这个小故事告诉了我们这样一个道理：当人们的行动有明确的目标，并且把自己的行动与目标不断加以对照，清楚地知道自己的进行速度和与目标相距的距离时，行动的动机就会得到维持和加强，人就会自觉地克服一切困难，努力达到目标。

理财同样也是如此。如果你不知道自己身在何处，所欲何往，试问如何行动呢？所以，家庭理财成功的关键之一就是设立一个周密细致的目标。那么怎样设置自己的理财目标呢？

1. 愿望与目标的差别

首先，我们来区分一下目标与愿望的差别。

在日常生活中，我们有很多很多的愿望。比如，想到国外去读书，想在海边建个听潮阁楼，想买一艘游艇环游世界，等等。这些只是生活的愿望，不是理财目标。

理财目标必须有两个具体特征：一是可量化的检验性，目标结果可以用货币精确计算；二是时效性，即有实现目标的最后期限。简单来说，就是理财目标需具有可量化的检验性和时效性。比如，我要在 10 年（时效性）的时间内使我的财富达到 50 万美元（可量化的检验性），我想在 5 年后（时效性）购置一套 100 万元（可量化的检验性）的大房子，我每月（时效性）给孩子存 500 元（可量化的检验性）的教育基金。这些具体的例子都是清晰的理财目标，具有可量化的检验性和时效性两个特征。

2. 理财目标有哪些

理财者的目标由其本人的年龄、工作、社会地位、婚姻状况、兴趣爱好、人生观等多种因素决定。一般来说，理财的主要目的是增强经济实力和对其资产进行控制、管理。

具体来说，理财目标可以分为个人目标和财务目标。

（1）个人目标

理财的个人目标实际上就是努力通过制订和实施理财计划来满足个人的一定需要，如子女教育、提高生活水准、购买住宅、退休养老等。

①子女教育。在现代社会，子女的教育越来越成为许多家庭理财计划的一个重要目标。通过理财，在一定时间内能积累资金以满足未来教育费用之需。

②购买住宅。自从房改之后，很多理财者的首要目标就是购买一套自己的房屋。理财者在购买了房屋后，还必须连续追加资金以应付房屋所产生的相关费用，如装修费用、购置家具的费用等。

③提高生活水准。随着社会的发展和进步，人们的生活水平和经济收入不断地提高，生活需求也更加多样化。旅游、购房、购车、购买各种保险等渐渐走进人们的日常生活，使生活条件、生活质量不断改善提高。

④退休养老。随着社会保障体制的改革，人们期望理财会给他们带来合理的长期稳定收入。通过个人的资产组合，其价值上升幅度要大于通货膨胀，那样他们就会有足够的积蓄来满足退休后的支出。

（2）财务目标

理财的财务目标包括资本安全、资本升值、收入的稳定、防止通货膨胀、税收因素等。

①资本安全。资本安全对于绝大多数理财者来说是最重要的财务目标。

②资本升值。理财肯定希望能够获得收益，即资本升值。

③收入的稳定。在资本保值或升值的情况下，理财还需要保证收入的稳定性。

④防止通货膨胀。

⑤税收因素。对于高收入者而言，如何为自己的收入合法避税也是一个考虑因素。

3. 目标的设置

在了解愿望与目标的差别后，我们开始设置目标。

（1）列举所有的愿望与目标

由于每个理财个体都是唯一的，你的财务目标、财务状况、税率级距、家庭成员、生活理想、嗜好、脾气以及对风险的看法等都与众不同。为了使全家的财务资源能有效运用，你可以通过家庭会议定列出全家的所有愿望和目标。为了让家庭成员畅所欲言，充分表达自己的愿望和目标，最好使用“头脑风暴法”。

所谓“头脑风暴法”，原意是通过小型会议的形式，让所有参与者在自由愉快、畅所欲言的气氛中自由交换想法，并以此激发与会者的创意及灵感，使各种设想在相互碰撞中激起脑海的创造性“风暴”。它适合于解决那些比较简单、严格确定的问题。

这里的“头脑风暴法”是指，集合所有家庭成员，组织一次小型聚会，让家庭成员把所能想到的所有愿望和目标全部写出来,包括短期目标和长期目标。其目的是网罗家庭成员的全部愿望和目标。在此过程中，要让家庭成员自由畅谈，不要对任何愿望和目标提出质疑或批评，以免打击他们的积极性。另外，这也是一次非常好的交流沟通机会，使家庭成员彼此加深了解，让家庭氛围更加和睦融洽。

（2）筛选并确立基本理财目标

我们已经了解了愿望和目标的差别。为此，先将愿望挑选出来，然后审查每一项愿望，并将其转化为理财目标。比如，小女儿的愿望是去迪斯尼乐园，转化成目标就是“今年女儿生日的时候去香港迪斯尼乐园”。如果还是有些愿望无法转换成目标，那就只能将其排除。比如，儿子的愿望是像小鸟一样自由飞翔，这暂时来看有点虚无缥缈，只能将其排除。

但是，尽管如此，其中还是可能有些目标是不太可能实现的，所以还要对已有的目标进行筛选。比如，你的愿望是 5 年后达到比尔·盖茨的财富级别（比尔·盖茨的微软帝国也不是 5 年就建立起来了），这基本上是一个梦，所以也就不能成为切实可行的理财目标。

上述步骤完成之后，将筛选下来的理财目标转化为一定时间内可实现的、数目具体的资金量，并按时间长短、优先级别进行排序，确立基本理财目标。所谓基本理财目标，就是生活中比重较大的、时间较长的目标，如养老、购房、买车、子女教育等。

当然，理财目标的设定还需与家庭的经济状况、风险承受能力等要素相适应，这样才能确保目标的可行性。

（3）目标分解和细化，使其具有实现的方向性

最后，制订理财行动计划，即达到目标需要的详细计划。比如，要达成目

标，每月需存入多少钱，每年需达到多少投资收益，等等。

有些目标不可能一步实现，需要分解成若干个次级目标。设定次级目标后，你就可以知道每天努力的方向了。目标必须具有方向性，这可算是理财目标的第三个特征。

三、拟定策略

拟定策略就是找到最有效率的理财方法，以最低的成本达成你的财务目标。这是拟定策略的最高指导原则。

由于每个人的性格不同，财务状况不同，所处的大环境也不同，那么要想实现各自的理财目标，必须根据每个人的实际情况来选择理财策略。在拟定策略时，必须发挥优点，避开弱点，找到机会，顺应趋势，运用最省时省钱的方式到达终点。

比如，为了达到买房的目标，你决定要在 1 年之后支付 10 万元首期。那么，为了实现这个目标，该如何拟定策略呢？

假设你现有存款 160000 元，每月工作收入 5000 元，国庆、中秋等节日的过节费和新年开门利市为 2000 元，年底有双薪，年终奖金 30000 元，所以年终总收入为 $5000\times13+2000+30000=97000$ 元。再假设你全年总支出预计为 37000 元，那么到年终与目标相差 $100000-(97000-37000)=40000$ 元。那么这 40000 元的差额该如何通过理财来获得呢？由于不同的人会有不同的理财风格，所以理财策略也会不同。这里仅按照投资风格把他们分为以下三类：

①风险型投资者，愿意接受高风险以期获得高回报。如果是这种类型的投资者，可能会选择股票、外汇、期货等高风险投资品种，通过使用 160000 元的存款以求获得 25%的年收益，从而弥补 40000 元的差额。

②普通型投资者，愿意接受正常的投资风险以期获得高于一般标准的回报。如果是这种类型的投资者，可能会投资 40000 元在高风险投资品种上，年收益率也是 25%；另外选择股票型基金为投资方向，通过使用 80000 元的存款获取年收益率 10%；剩余部分动用存款补齐。

③保守型投资者，几乎不愿意承担风险。这种投资者选择的投资方式一般是储蓄，年收益仅为银行利息。然后可能还会采取减少开支的方法，节省部分金钱。至于剩余部分，就通过存款支付。

四、编列预算

理财小提示

你是否也有这样的经验，似乎每个月的薪水在扣掉房租或房贷后，其余的钱就消失得无影无踪了！也许你现在并不在意这些钱的去处，但是如果你盘算着在五十岁时摆脱工作、提早退休，要实现自己的梦想，你就该认真思考如何有计划地使用辛苦赚来的每一分钱。

在物价逐年上涨，收入却少见调升的情况下，“节流”是增加财富的第一步，“开源”是增加财富的第二步。花一点时间来规划预算，将预算表当做财务控制的策略，让支出与理财计划相互配合，达到间接控制消费的目标，这样才不会入不敷出。

拟定理财策略之后，你必须更精确地将计划与财务资源配合，即进行预算的编列。

下文对预算的编列将有更详细的说明，在此不再赘述。

五、执行预算

接下来，你可以依照所编列的预算，开始执行预算。但是，为谨慎起见，可以再从第一步骤起作个修整，直到符合要求为止。预算开始执行之后，应该按照进度实行，配合计划的进展，这样才不会偏离目标。

计划一旦付诸实施，预算就成了一种工具。你应该定期用它来跟实际的理财效果和预期结果进行比较，从而监控计划进展的情况。这种反馈，或者说对理财进度的监测和评估，反过来可以使你在必要时及时采取修正措施。

一方面，如果理财进度的评估结果表明一切正在向它的目标前进，实际结果与预期结果相一致，就不需要对行动计划进行调整。

然而，如果你一旦发现实际结果与预期结果之间有差异，那么，毋庸置疑，你就要采取修正措施。

把实际的理财结果与预算中的预期结果进行比较，将其作为进度监测中的一部分工作。这两个结果数字之间的差别称为差异。当实际工作结果比预期结果好时，差异是有利的；而当实际工作结果比预期结果差时，差异便是不利的。

例如，开始理财一个月之后，你希望评估一下实际的理财情况。通过查看各种数据之后，你得到了以下这些数字（见表 1–3）：

表 1–3 一月份理财情况报告 单位：元

收入 / 支出	实际情况	预计情况	差异
薪水和奖金	40000	28000	有利差异
投资收入	2850	10000	不利差异
储蓄收入	900	900	无差异
租金收入	11850	12000	不利差异
收入合计	55600	50900	不利差异
房贷支出	5000	5000	无差异
日常生活支出（包括衣食住行和水电等开支）	3500	3000	不利差异
回家探亲费用	2000	1800	不利差异
过年孝敬父母费用	10000	10000	无差异
支出合计	20500	19800	不利差异

总体而言，一月份理财的实际绩效比预计数字要少。在收入项目中，在薪水和奖金这个项目上出现了有利差异（因工作绩效突出，年终奖金有了大幅度提高）；最令人担忧的是投资收入出现了较大的不利差异（因为投资失误，本月的投资收益大幅度降低），这才是你需要集中精力、采取修正措施的地方。至于支出部分，虽然显示不利差异，但差异微小，可以忽略不计。

由此例可见，差异分析可以帮助你在预算周期中及早发现问题并采取适当的措施。

六、总结提高

这是人们最容易忘记的，却是投资理财中必不可少的步骤之一。回顾和总结过去的投资理财活动，评估投资效果，对提高投资理财水平具有重要的意义。

1. 理财评估

全面评估，分析过去的得失成败，是理财必须定期进行的工作。通过进行理财评估，可以得到第一手的理财数据，为进行自我总结提供客观依据。

2. 自我总结

（1）自我总结的作用

①积累成功的经验。“理财”中的“财”可不仅仅是指金钱！实质上“财”的含义更为广泛，它是指财富，包括物质财富和精神财富两部分。经验是无形资产，也是一种财富。所以，进行回顾与总结的过程就是积累财富的过程。难道这不也是你理财的目标之一吗?

②总结失败的教训。由于投资风险的客观性、内外环境的多变性，出现投资失败或挫折并不奇怪。正所谓“失败乃成功之母”。这次的失败是下次获取更大成功的基石。所以，不但要善于总结成功的经验，更要善于总结失败的教训。失败是你投资理财的成本，只要善于利用，最终肯定会获得更大的收益。

③理论联系实际。总结有利于加深对理财知识的理解与运用。通过“学习，实践；再学习，再实践”的不断努力，你的投资水平、理财能力将会螺旋式上升。

④完善自我。总结经验教训的过程也是完善自我的过程。实际上，自我总结，不但能提升你的投资理财能力，也能提高自身素质，如理念、心理、品德、思想境界等。

（2）自我总结的方法

实际上，每个投资者都有自己的方法去进行自我总结，这里只能给出一些进行自我总结的思路。

①检查在投资理论、理财知识方面是否还有欠缺。

②检查决策与操作是否合理、科学。

③检查自己对投资环境走势的判断是否准确。

④检查自己的投资理念与现实是否产生偏差。

⑤检查自己的心理素质是否健全。

3. 策略调整

通过对过去理财效果的评估和自我总结，你可以及时发现理财过程中出现的问题和存在的差距。为使自己以后的投资理财绩效更加出色，此时就应该有针对性地调整一些投资理财的策略和方法。

比如，因为现实环境发生了变化，原来的理财目标设置得过低，太过容易就能实现，那么就应该调高理财目标。或者，由于对现有投资渠道的把握不够准确，没能充分发挥出应有的投资效果，那么就应该加强对投资渠道的认识，或更换一个更加熟悉的投资渠道。或者，由于过去对税收不够重视，结果造成了投资成本的加大，那么就应该积极寻求避税策略，以合理降低税负。又或者，由于投资账户跟踪不及时，造成了不必要的损失，那么以后就要加强对账户的跟踪。

发现问题是解决问题的根本。凡此种种的策略调整，均源于对理财问题的发现和总结。当问题提出后，就可按照新的投资理财策略进行调整。通过不断调整，循序渐进，最终形成自己的投资理财风格。

正如失败的理财各有各的原因一样，成功的理财也各有各的风格和策略。原则上，成功是不可复制的。适合你的就是成功的，理财也一样。

第四节 了解你自己——投资理财小测试

【测试一】你的理财属于哪种类型

一个良好的投资结构就像金字塔，先有宽厚的底部，即安全性高的投资，如零风险的储蓄，才能递次建构高耸的塔尖，如低风险的国债、中度风险股票、高风险的不动产投资。成功的投资组合必须包括不同风险层次的金融商品，也就是你必须是集储蓄型、投资型和投机型于一身的人。

专家建议你先完成下列测试，了解你属于哪种投资类型的人，再确定投资方向。

1. 你去买正在上映的某知名电影的电影票，你要买 8 点 30 分的票，售票员却告诉你票已经卖完了，只剩下午夜场的票。她还告诉你，8 点 45 分在小厅有一部新电影上映，不过你没有听过那部新电影的名字，你会：

A.购买新电影的票

B.买午夜场的票

2. 你去专卖店买衣服，看中一款上衣，但你喜欢的颜色缺货。导购告诉你，在其他连锁店肯定有，不过现在是打折季节，不能为你特别保留。你会：

A.马上赶到另一家连锁店

B.买下手中的上衣

3. 你选购电脑，选好品牌后，店员告诉你，如果你买销售展示用的电脑可以打 8 折，全新的电脑是没有折扣的，你会：

A.选择打 8 折的电脑

B.选择全新的电脑

4. 你失业 1 年后终于获得两个工作机会。其中一个工作薪水比你以前的高许多，但必须承受非常大的压力，而且工作要求很高；另外一个工作的薪水一般，工作却相当轻松愉快，你会：

A.选择高薪、压力大的工作

B.选择低薪、压力小的工作

5. 你即将有 14 个小时的飞行旅行，而包里只能放下一本书。你想从两本书中选择，其中一本书是你最喜欢的作者的书，但他最近出版的书却令你相当失望。另有一本是畅销书，可除畅销之外你对它一无所知，你会：

A.选择畅销书

B.选择喜欢的作者的书

计分：

每道题选 A 给分，选 B 不给分。

问题 1：1 分；

问题 2：1 分；

问题 3：5 分；

问题 4：10 分；

问题 5：1 分。

结论：

最低分 0 分，最高分 18 分。11～18 分为投机型；5～10 分为投资型；0～4 分为储蓄型。

指导：

1. 储蓄型投资指导

存住每一分钱，避开所有风险是你的首要目标。如果你即将在近期内动用手中的现金，就必须做一个储蓄型的人。你的投资领域只限于公债、国库券和储蓄。

2. 投资型投资指导

你愿意承担相当的风险，以获取比储蓄更高的利润。一般而言，投资时间越长，越有机会获得较高的利润。你应该以中度风险的金融商品为主，如股票和债券。

3. 投机型投资指导

你愿意冒较大的风险，以求短期内获得预期的巨额利润。你应当尽快熟悉期货、黄金、不动产等高风险的商品，积极参与进去。

【测试二】战胜你的理财盲点

出国旅行，购物是一项很重要的行程。尤其是跳蚤市场，不但价格极有弹性，还可以挖到不少宝贝，回国后可能价位会翻好几倍，你对下列哪一项宝物最感兴趣？

A.古董相机

B.手工织毯

C.金银首饰

D.书画艺品

结论：

选A，你对于钱财的运用没有什么观念，开源和节流两种工作，你宁可只做前者。认为花钱就是要让自己开心的你，自然不愿意委屈自己。吃好的，住好的，用好的。每一件物品你都觉得花得很值得。所以你可以试着去投资，因为你的品位很不错，能够选到可以增值的物品，那么你的收藏癖好就不再只是让你花大钱，还能有一点回收价值。

选B，你的情感丰富，耳根子软，对人毫无防备之心。你对于推销员的话会照单全收，所以每次出门总是令家人为你提心吊胆，生怕将所有家产都典当还不够支付你信用卡账单。因为你是感性消费，支出数目有高有低，最好是先编列预算，控制自己的花费，才可能挽救你的赤字。

选C，你对于每一分钱都很重视，认为财富就是靠这样一点一滴积累起来的，当然不能小觑。虽然你从各方面都可以省下一些钱，数目也很可观，可是这样的速度还是太慢，而且趋于保守，没办法有效率管理钱财。如果有一笔暂时不需动用的存款，就试着去做一些投资，结果会让你满意的。

选D，你有一点不切实际，做什么都只为了完成梦想，一点儿都没有作现实的考虑。对于理财，你也觉得十分头痛，不知该如何做起，也不愿卷入股票游戏中，终日对着数字荧幕发呆。所以你就这么拖着，虽然知道要留意相关消息，还是很被动地去做这些。最好能够找个可信赖的人，帮你打点这一切，那是最理想的状况。

【测试三】女性理财观念测试

1. 你和朋友约好碰面，当你到了相约地点后，对方打电话来说会晚30分钟，你会怎么打发这30分钟呢？

A.到书店站着看书或杂志——1 分

B.到百货公司闲逛——3 分

C.到咖啡店喝茶——2 分

2. 你跟好友去外地旅游，进酒店后发现当天是他们的周年庆，准备了三种礼物，你会选择哪种呢？

A.晚餐点心附赠蛋糕——3 分

B.下次住宿的 9 折优惠券——1 分

C.附近著名游乐场的免费入场券——2 分

3. 从下面 3 项中选出你最想住的房间。

A.可以按自己喜好摆设家具，地方宽敞的套房——1 分

B.房间没有特别的，有个小阳台——3 分

C.四周房屋低矮，阳光充足的房间——2 分

4. 闲来无事的假日，你最想做哪件事打发时间？

A.看电视或杂志——2 分

B.打游戏或上网——1 分

C.打电话找朋友聊天——3 分

5. 5 个朋友相约出游，每个人都要准备午餐，你想带哪种菜式赴约（不管哪种都要准备 5 人份）？

A.日式饭团——3 分

B.三明治——2 分

C.煎蛋或油炸食品——1 分

6. 打错电话时，你的表现是怎么样的？

A.自言自语一声“啊，打错了”或是一言不发就挂断电话——3 分

B.马上跟对方说“对不起，我打错了”，然后挂断电话——2 分

C.再次确认“请问电话号码是×××吗”“你不是×××吗”——1 分

7. 下列 3 样家务，不管你拿不拿手愿不愿意，哪种是你最讨厌的？

A.做菜——3 分

B.打扫——2 分

C.烫衣服——1 分

8. 你正在坐地铁，车厢里有 3 个空位，你会选哪个坐下呢？

A.年纪与你相仿的女生中间的那个——2 分

B.可以看见帅哥的那个——3 分

C.看起来很高雅的老夫妇旁边——1 分

9. 约会时，你受不了对方做出的哪种行为？

A.在你说话时打哈欠——2 分

B.乱瞄其他可爱女生——3 分

C.接到朋友电话，讲个不停——1 分

10. 早上准备出门，发现钥匙不在平常的地方，你第一个想到的是哪里？

A.包包里——2 分

B.昨天穿过的衣服口袋里——1 分

C.看看是不是掉地上了——3 分

11.你总随身带着一张照片，一逮到机会就向人展示一番，会是哪一张呢？

A.旅行时拍的照片，风景宜人，配上你灿烂的笑容——2 分

B.跟男友甜死人不偿命的合影——3 分

C.自己超可爱的 Baby 照——1 分

12. 走在路上突然下起雨来，但你必须去某地，没跟人约好，时间也不急，你会怎么办呢？

A.买把伞走过去——2 分

B.打车过去——3 分

C.先找个地方躲雨，静观其变——1 分

评分：

17 分或以下： A 型

18～24 分： B 型

25～31 分： C 型

32 分或以上： D 型

结论：

A 型 意志坚定 不为所动

你的理财观念非常扎实，平时就有存钱的好习惯，也很擅长省钱之道，就算收入微薄也能妥善管理，不会出现拮据状况。但你也常常发生犹豫不决、当用不用的情况，让你老有种爱捡便宜货的倾向，现在你该培养当用则用、大刀阔斧的勇气啦！

B 型 当用则用 当省则省

你的理财观念很普通，对于游玩、打扮、喜欢的东西、必要的开支，你

都花得起，同时也能适度地储蓄，对省钱也颇感兴趣，是四种类型中最稳定的。可你却不擅长处理收入骤减的情况，一旦发生这种情况，你就会手足无措。

C型 一旦有目标便意志坚定

你的理财观念很马虎，你是不是常常疯狂购物呢？是不是根本无法掌握户头里的余额呢？不过你一旦设定目标，比如要去旅行或有大笔开销时，就会马上死命存钱，日常开支也缩到最小，与先前判若两人，多多培养没目标也能储蓄的好习惯吧！

D型 理财观念等于零

你的理财观念几乎为零，你凡事不分轻重缓急，常常任意挥霍，就算钱花光了还在拼命刷卡，更别说储蓄喽。劝你还是未雨绸缪，学习一下勤俭的美德吧。根本没有理财观念的你，要慎重思考自己的最佳存钱法，不妨学学控管有方的朋友。

【测试四】你能开始投资了吗

事实上，并非有钱就能开始投资的——

1. 除了100万元之外，手中的短期资金（包括现金与有价证券）大约可应付多久的生活开销？

A.少于3个月——0分

B. 3~6个月——1分

C. 6~12个月——5分

D. 2年以上——10分

2. 你或家庭总负债（房贷、车贷、信用卡等）和你家里的长期要支出的费用（赡养老人等）占你的总收入的比例是多少？

A. 0%~30%——10分

B. 30%~50%——5分

C. 50%以上——1分

D. 0%——0分

解析：

选A，对一般家庭来说，负债占收入的30%以下是很正常的。

选B，那么在消费上就要量入为出了，要适当地考虑节流，而且要从100

万元中拿出一部分来先还债。

选 C，从负债率来说，是非常危险的，首先要把 100 万元中大部分拿来还债，而且还要考虑节流，更要注重开源了，要想办法多挣些钱来还债。

选 D，没有债务，目前情况是适合考虑做 100 万元的充分投资了，只是要注重工具的选择。

3. 你的每月固定储蓄（银行存款、养老金等的支付）或投资比率占每月收入的比例是多少?

A.0%~15%——0 分

B.16%~30%——1 分

C.超过 30%——5 分

解析：

选 A，有望成为“月光族”，在此恭喜你不会有通胀（即货币贬值）的危机，因为你是在及时行乐，让金钱有了更充分的现实利用价值，但是有一点，将来的你，是否会因为现在挥霍金钱而老来劳苦呢，这是很严肃而且要认真考虑的问题，毕竟随着年龄的增长，收入和支出是不成正比的。

选 B，在这个范围内是比较合理的，但是要养成习惯很难，所以一定要坚持，积少成多了再选择适合的投资工具。

选 C，这表明你是个非常节俭的人，但要选择适合自己的投资方式，这是非常重要的。

4. 你在投资之前，是否有明确的投资目标（比如平均收益率等）、投资期限（多长的时间要使用多少钱）、你所能承担的风险程度（亏损多少你能接受）？

A.都考虑清楚了——10 分

B.不是很明确——5 分

C.根本就没有想过——1 分

D.没人说过要想这种事——0 分

解析：

选 A，看似是个成熟的投资人，但是更重要的是，所有如上所列的问题要与你所设定的投资想法和市场现在的实际情况相结合，这样才能真正实现投资的目的。

选 B，这也很正常，这要和专业人士沟通，逐渐明确你的投资取向。

选 C，这样的投资人会非常麻烦，什么都没有想过，就拿着 100 万元去投资，很有可能会盲目跟从，人云亦云地去做某种投资，赚了是运气，可是赔了就不知所措了。

选 D，太随便了吧，你要投的是 100 万元呀，投资也是需要很认真对待的事情。

5. 你是否计算过，如果你或家人遭受不幸（患重病、残疾、身故等），你或家庭的现有财产能否支付现有的负债、将来的生活费（包括医疗等费用）？

A.算过，而且能——10 分

B.算过，不是很够——5 分

C.没算过，应该够吧——1 分

D.完全没考虑过——0 分

解析：

选 A 和 C，也许你现在所拥有的资产完全可以解决这些问题，但是，是否还有更有效的解决方式呢？也许还是值得考证一下的。

选 B，应该尽早安排，否则会耽误你的投资。

选 D，人生要发生的事情谁也不可能预料，尽管这些事情发生的概率很低。

面对突发性风险，如果选择自留——使用自己的钱处理风险，那么可能不仅会破坏原来的投资计划，而且会影响原有的生活品质；如果选择转嫁他人——保险公司，以小投资得到相应的解决问题的办法。一般保费的支出是收入的 20%不算多，保障要具体来看，根据情况不同，作不同的选择。

6. 你理解的“投资”是什么意思呢？

A.金钱

B.收益率

C.通胀率

D.时间和精力

E.税收

选前两个选项，每题加 2 分；选后三个选项，每题加 1 分；如果又很了解这些项目的内容，请给自己加 2 分。

解析：

选 A，你看到的是数字，是现有的一个值。

选 B，这是在投资中人们都非常关心的，但是首先要确定能投资的净资产值，还要关注自己能够承担什么程度的风险。

选 C，通胀高虽然是社会发展的标志之一，但是，金钱贬值的同时，你做好了保值和增值的准备了吗？

选 D，人的时间和精力是非常宝贵的资源，如果要花费很多的时间和精力做投资，收益不是很明显，就要重新考虑这种投资是否适合自己，在投资前要估量这个投资成本，这是隐性的，但是长期来说是可以测算的。

选 E，目前中国的个人和家庭一般只要考虑所得税，投资房产就已经要收一定的营业税了。但是以后呢，是否还有更多的税种。社会在发展，要我们随时关注政策的变化。

看似毫不相关的几个名词却放到了一起，实际上，我们在计算投资时，它们是这样的关系：

A＋B－C－D－E＝投资的实际收益

7. 你是否计算过孩子的教育费或是你退休后所需的费用？

A.是——5 分

B.否——1 分

解析：

选 A，说明你是个有责任感和爱心的人，这些都是生活中需要思考的，尽管有时仅仅想是不够的。

选 B，从现在开始考虑吧，还不晚。

8. 你是否了解以下的投资工具？

A.股票

B.基金

C.债券

D.保险

E.外汇

F.期货

G.黄金

每个选项，知道，加 1 分；了解，加 2 分。

解析：

每类投资工具对应不同的运作规律和市场，不管你是选择了哪类投资工具，一定在投资之前看是否适合自己。

9. 你是否有足够的投资理论知识、操作技巧、实践经验来管好自己的财富？

A.是——5 分

B.否——1 分

解析：

选 A，那么你是很不错的，可以在平时再不断尝试些新的投资工具，这样可以不断提高自己的投资水平，你的投资收获也会有所体现的。

选 B，你如果对投资不感兴趣，可以找专人委托帮你做投资，但可能要支付一定的咨询费；如果你还有兴趣，就多参加一些投资的讲座或是利用空闲时间不断学习。

10. 你是否会自己定期检查投资状况，并调整投资策略？

A.是——10 分

B.否——0 分

解析：

选 A，这是比较明智的做法，因为投资市场情况随时在发生变化，并且在一定时间内，个人对投资的需求（结婚、买房等）和所能承受的亏损风险也会发生变化，要根据人生的不同阶段，适时调整投资目标、期限，选择适合自己的投资工具。

选 B，长期这样只是一味进行投资，而没有“盘点”，很有可能选择的投资工具和自己的实际情况不相匹配，达不到投资的目的。

以上的问题在投资前充分考虑好是非常必要的，所谓“磨刀不误砍柴工”。

30 分以下：对未来漠不关心

生活、美好的生活、优质的生活是一个阶梯型递进的概念，如果你现在还在随随便便的话，未来要达到“优质的生活”，恐怕要靠上帝之手了。

30~50 分：应及早树立观念

不要对你的资产的去向不在意，当所有的投资人都建议理财要趁早，你还无动于衷吗？理财绝不仅仅是存钱或者省钱那么简单，关键是要“生钱”。

50~75 分：有必要加强学习

有意识，但不明确，尤其是对投资的意义不很了解，或者，已经开始理财却始终一知半解，这部分的财富拥有者比例很大，请你多留意自己的资产管理吧。

75 分以上：理财观念成熟

还说什么呢？这样的高分，直接进入第二个环节吧。通过测试，你基本无须在理财的边缘徘徊了，基础性的理念是否具备已经不重要，对自己的了解并能找到合适自己的投资方式，也是投资理财的一个境界。

第二章
投资理财基本技能

“金钱可被视为内在自我与外在世界的结合，
只要其中有一项居于弱势，生活就会痛苦不堪。”
——乔治·金德

第一节　审视财务状况

为更好地进行理财，理财者首先必须审视一下自己的财务状况。

审视财务状况，就是整理个人所有的资产与负债，统计所有的收入与支出，然后将其编制为资产负债表和损益表。简单来说，就是摸清家底，建立档案，形成账表。

为什么要审视财务状况呢？试想一下，如果一名指挥作战的将军不知道自己的兵力配置，那还能期望他获得胜利吗？投资理财活动其实可以比喻为一场持续战，你必须充分运用手上的资源，在投资理财这个战场上赢得胜利、获得财富。所以，随时了解自己的可用资源，是理财的基础之一。只有完成了此项工作，你的投资理财活动才做到了知己知彼，有的放矢，否则就是漫无目的，不知所终。

接下来，我们会先介绍一下资产、负债、收入、支出等概念，然后介绍如何记账以及编制资产负债表和损益表，最后介绍如何进行财务分析。

一、资产、负债、收入、支出

1. 资产

（1）资产的概念

资产是指所拥有的能以货币计量的财产、债权和其他权利。其中，财产主要是指各种实物、金融产品等；债权就是其他人或机构欠你的金钱或财物，也就是你借出去可到期收回的钱物；其他权利主要就是无形资产，如各种知识产权、股份等。

能以货币计量的含义就是各种资产都是有价的，可估算出它们的价值或价格。不能估值的东西一般不算资产，如名誉、知识等无形的东西。虽然它们也是财富的一种，但很难客观地评估其价格，所以在理财活动中，它们不归属资产的范畴。另外就是资产的合法性，即资产通过合法的手段或渠道取得，并从法律上来说拥有完全的所有权。

（2）资产的分类

资产可以按照多种标准来进行分类。

①按流动性分类

按照流动性可以分为固定资产和流动资产。

固定资产又可分成投资类固定资产和消费类固定资产。投资类固定资产是指可产生收益的实物，如房地产、黄金、珠宝等；消费类固定资产是指生活所必需的生活用品，其主要目的就是供个人使用，一般不会产生收益（而且只能折旧贬值），如自用住房、汽车、服装、电脑等。

流动资产就是指现金、存款、证券、基金以及投资收益形成的利润等。

②按资产的属性分类

按照资产的属性可以分为金融资产（财务资产）、实物资产、无形资产等。

金融资产包括流动性资产和投资性资产。有些理财观点认为，保险是投资性资产。虽然保险也可能为家庭或个人带来一定的收益，但它是意外收入，是不常见的且完全不可预测的，在一定时期大部分是不能确定其价值的，所以我们仅把它作为一般的资产对待。

实物资产就是住房、汽车、家具、电脑、收藏等。

无形资产就是专利、商标、版权等知识产权。

2. 负债

负债就是指个人的借贷资金，包括所有的债务、银行贷款、应付账单等。

（1）按到期时间分类

负债根据到期时间可分为短期负债（流动负债）和长期负债，但区分标准并不统一。有些人把一个月内到期的负债认为是短期负债，一个月以上或很多年内每个月要支付的负债认为是长期负债，如按揭贷款的每月还贷就是长期负债。还有些人以一年为限，一年内到期的负债为短期负债，一年以上的负债为长期负债。实际上，具体区分短期负债和长期负债可以根据自己的财务周期（付款周期）自行确定，如可以以周、月、两个月、季、年等不同周期来区分。

（2）按负债的内容分类

也可以按负债的内容分类，具体如下：

贷款，如住房贷款、汽车贷款、教育贷款、消费贷款等各种银行贷款。

应付款，如债务、应付房租、应付水电、应付利息等。

税务，如个人所得税、遗产税、营业税等所有应纳税额。

预收款，如预收的房租收入等。

3. 资产与负债的价值评估

在整理资产负债的过程中，需对每项资产负债进行价值记录，也就是必须评估它们的价值。评估价值是一件非常容易产生争议的事情。但作为个人来说，可以采用相对简单的方法，因为大部分资产是不会出售的，所以只要你自己确信其价值即可。你就是自己的价值评估师。

（1）价值评估的原则

评估价值必须依据以下两个原则。

其一是参考市场价值。所谓市场价值就是在公平、宽松和从容的交易中别人愿意为此项资产支付的价格。

其二是评估价值必须是确定在某个时间点上，如上个月月底、去年年底或者任何一天都可，因为资产价值是会随着时间变化的。

（2）资产价值评估

现金最容易评估其价值，直接统计家庭共用的及所有家庭成员手上的现金额即可。

活期、定期存款的价值一般就是账户余额或存款额。当然，这少算了部分利息，因为存款一般都存储了一段时间，产生了利息。我们开始没必要精确这些，虽然我们可计算出它的值。

股票的价值评估需参考当时的股票价格，一般就是你的股票数量乘以它当前的报价；其他如基金、外汇等也采用类似的方法。股票、基金、外汇这些资产价值是变化最快的，实际上在每个交易时间它都在变化之中，我们同样没必要去计较一时的变化，只要关注它的收盘价即可。

债券的价值一般就是票面值或成本额，暂时不用关心它的利息。

物品、汽车等的价值评估比较随意，你可参考其转让价，也可使用折旧的方式计算当前的价值。

房屋的价值相对来说比较难评估，作为家庭可能最大的资产，你只能参考当地同类房屋的转让价格，以此为基准进行估值。如果得不到类似的转让价格，暂时就以购进价作为其价值，到时调整，不要因为某项资产的价值不能确定就影响你整理资产的进程。

最难的可能是其他投资中的部分投资项目，如珠宝、古玩、字画等收藏，因为这些资产的市场价值具有很大的弹性，如果你不是这方面的专家，就可能需求助外人了。

保险价值的评估比较独特，需要分两种情况进行分别处理：一种是消费性险种，到期后没有任何收益，所以这种保险的价值为零；另一种是所缴保费可到期返还的险种，相当于储蓄，那么以其已缴保费额评估为此保险的价值。

（3）负债价值评估

负债中贷款的价值就是到评估时间为止剩余的欠款额。如果是按揭贷款，分期还贷，且时间比较长（如 10 年以上），可能贷款利息所占比例相当之高。是否把这些巨额的利息也计入负债呢？一般不用，因为它是以后发生的负债（利息），不用提前计算。

税务的价值怎么计算呢？作为家庭来说，个人所得税可能是最主要的税项。在中国，作为工薪收入的人士，一般是通过单位代缴个人所得税的，所以在你的负债中可能没有此项。如果你是自由职业者、小业主、店铺经营者等人士，则可能需自行纳税。这时，你就需以收入或利润计算出应纳税额，作为负债进行统计。

（4）其他价值评估

除以上提到的项目外，其他未说明的资产负债的价值评估，可自行确定。一般可参考以下顺序进行：市场参考价（转让价）、账户余额、成本价。

4. 收入

收入是指剔除所有税款和费用后的可自由支配的纯所得。对不同人而言，其收入项目不一样。只有理清所有收入项目，并编排出适合自己的收入类目，才能做好记账工作。

一般而言，收入包括以下项目：

工作所得，包括全家所有成员的工资、奖金、补助、福利、红利等；

经营所得，包括自有产业的净收益，如生意、佣金、店铺等；

各种利息，包括存款利息、放贷利息和其他利息；

投资收益，包括租金、分红、资本收益、其他投资等；

偶然所得，包括中奖、礼金等。

5. 支出

支出是指全家所有的现金支付。

支出相对收入来说要繁杂得多。如果没有详细的记账记录，可能大部分家庭都不一定能完全了解自己的支出状况。但是，要罗列所有的开支项目确实比较困难，而且每个家庭都有自己不同的支出分类。所以，原则上只要你的支出分类清晰，便于了解资金流动状况即可。这里，我们将支出归类为以下几种，便于认识和理解。

日常开支，每天、每周或每月生活中重复的必需开支，包括饮食、服饰、房租水电、交通、通信、赡养、纳税、维修等。这些支出项目是家庭生活所必需的，一般为不可自行决定的开支。

投资支出，为了资产增值目的所投入的各种资金支出，如储蓄、保险、债券、股票、基金、外汇、房地产等各种投资项目的投入。

奢侈消费，如学费、培训费、休闲、保健、旅游等。这些是休闲享受型支出，并不是家庭生活所必需的，一般为可自行决定的开支。

二、记账

理财从记账开始。只有把自己的收入、支出、资产、负债等尽可能真实地记录下来，才能对自己的财务状况有量化的了解，从而有助于进行真实、科学的理财分析，找出存在的问题，制订理财规划方案，有效地进行家庭理财。

如果你以前不太重视家庭记账，那么最好从现在开始就养成良好的记账习惯。虽然记账对某些人来说比较枯燥，但它是理财过程中比较重要的事情，做好日常功课，才能在关键时候作出正确的决策。实际上，通过日常记账，也能培养成功理财的重要素质之一——耐心。

1. 记账原则

流水账容易做，但也有一些原则要求遵守。

（1）分账户

所谓记账分账户，就是所有收支记录必须对应到相应的账户下。只有这样，你才能方便地监控账户的余额以及分账户进行财务分析，也才能清楚地了解资金流动明细情况。

（2）按类目

所谓记账按类目，就是所有收支必须分门别类地进行记录。你需要建立自己的收支分类，并在记账时按照收支分类进行记账。只有这样，你的收支才能方便地进行统计汇总及分析。否则，就只是一笔糊涂的流水账。时间长了，就无从记起，更不可能进行统计分析，这样也就失去了记账的意义。

（3）需及时

所谓需及时，就是保证记账操作的及时性、准确性、连续性。

①及时性

记账及时性就是最好在收支发生后及时进行记账。

这样做的好处有三点：

首先，不会遗漏。如果时间拖久了，可能就会忘了此笔收支；就算能想起，也容易引起金额等方面的误差，对记账的准确性不利。

其次，对某些余额比较敏感的账户，如信用卡账户、委托银行付款的账户，采用及时记账就可保证实时监控账户余额。如发现账户透支或余额不够，你可及时处理，减少不必要的利息支出或罚款。

最后，可及时反映出理财的效果。如果是采用软件记账，一般能进行实时收支统计分析，给你的理财提供依据。

②准确性

记账准确性就是保证记账记录的正确。

首先，记账方向不能错误。收支应该明确。

其次，收支分类要恰当。每笔记账记录都必须指定正确的收入分类，否则分类统计汇总的结果就会不准确。对综合收支事项，需进行分拆（分解），如某笔支出包括了生活费、休闲、利息支出，最好分成三笔进行记账。

再次，金额必须准确，最好精确到分。

最后，日期必须正确。收支日期就是收支项目的发生日期。特别是在收支项目跨月的情况下，最好不要含糊，因为进行年度收支统计时，需按月汇总。

③连续性

记账的连续性就是必须保证记账连接不断，不要三天打鱼，两天晒网。理财是一项长久的活动，必须要有长远的打算和坚持的耐心。

2. 日常记账

那么，该如何进行日常的记账工作呢？

个人记账和企业记账不一样，不用那么烦琐，没必要收集所有收支的原始凭证来做账，只要尽可能把当天所发生的收支情况（鉴于收入具有周期性和突发性，因此每日做账主要是记录支出情况）记录清楚且不要遗漏即可。

（1）手工记账

要记账就必须有账本。或者用一个空白的笔记本，按照表 2-1 的格式制作现金日记账本（即收支流水账）。每当发生一笔收入或者支出，就在账本中记录一行。

表 2-1　现金日记账　　单位：元

日期	摘要	类别	收入	支出	余额
月初余额					500
6月1日	发工资	薪水	8000		8500
6月5日	交房租、水电费、煤气费	生活费		1000+260+40	7200
6月7日	请同事吃饭	招待费		500	6700
6月10日	打的	交通费		25	6675
6月14日	超市购物	生活费		375	6300
6月22日	笔记本维修	维修费		300	6000
6月28日	出差补助	补贴	500		6500
6月30日	本月伙食费（总计）	生活费		1500	5000
月末余额					5000

手工记账的优点是可以随时记账，并且可以帮助熟悉其中的钩稽关系；缺点在于编制报表和分析时，要手工整理信息，工作量非常大。比如，每日要登记交通费、伙食费等，确实显得非常麻烦。

（2）电脑记账

现在越来越多的人开始使用理财软件来记账以及进行财务管理。由于理财软件种类繁多，这里就不再介绍软件的具体操作方法和使用技巧。

电脑记账的优势在于记账轻松快捷，记账后可以有选择性地进行单项分析，电脑会自动生成一些基本的财务报表（日常收支表、月平均收支报表、资金流量表、年度收支统计表等），而且可以打印出来备份。这是手工记账所无法比拟的！

图 2-1 是“财智记账本”（如果对该软件感兴趣，可以到网站 http：//www.moneywise.com.cn/寻求更多信息）中收支流水账的截图，图 2-2 是该软件中支出月平均对比图的截图。

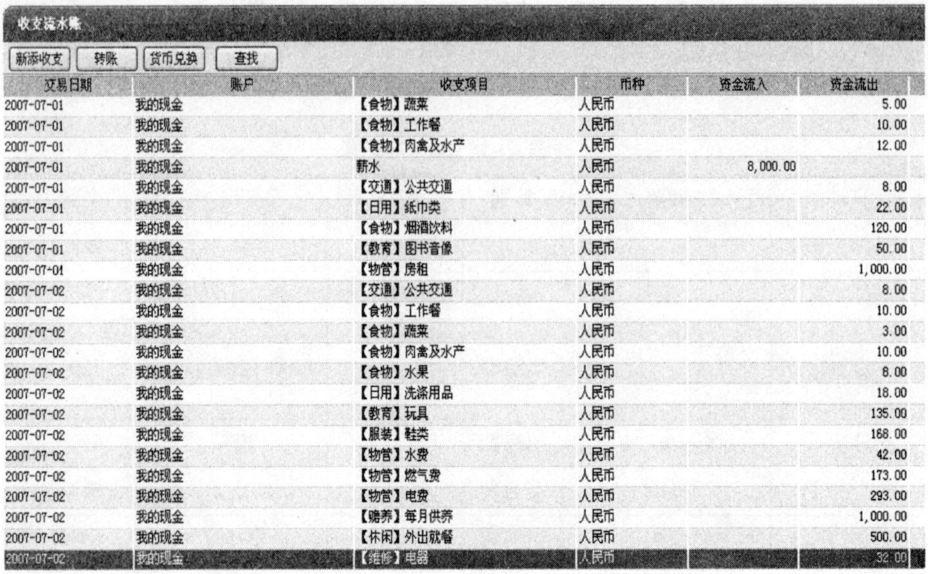

收支流水账

新添收支 转账 货币兑换 查找

交易日期	账户	收支项目	币种	资金流入	资金流出
2007-07-01	我的现金	【食物】蔬菜	人民币		5.00
2007-07-01	我的现金	【食物】工作餐	人民币		10.00
2007-07-01	我的现金	【食物】肉禽及水产	人民币		12.00
2007-07-01	我的现金	薪水	人民币	8,000.00	
2007-07-01	我的现金	【交通】公共交通	人民币		8.00
2007-07-01	我的现金	【日用】纸巾类	人民币		22.00
2007-07-01	我的现金	【食物】烟酒饮料	人民币		120.00
2007-07-01	我的现金	【教育】图书音像	人民币		50.00
2007-07-01	我的现金	【物管】房租	人民币		1,000.00
2007-07-02	我的现金	【交通】公共交通	人民币		8.00
2007-07-02	我的现金	【食物】工作餐	人民币		10.00
2007-07-02	我的现金	【食物】蔬菜	人民币		3.00
2007-07-02	我的现金	【食物】肉禽及水产	人民币		10.00
2007-07-02	我的现金	【食物】水果	人民币		8.00
2007-07-02	我的现金	【日用】洗涤用品	人民币		18.00
2007-07-02	我的现金	【教育】玩具	人民币		135.00
2007-07-02	我的现金	【服装】鞋类	人民币		168.00
2007-07-02	我的现金	【物管】水费	人民币		42.00
2007-07-02	我的现金	【物管】燃气费	人民币		173.00
2007-07-02	我的现金	【物管】电费	人民币		293.00
2007-07-02	我的现金	【赡养】每月供养	人民币		1,000.00
2007-07-02	我的现金	【休闲】外出就餐	人民币		500.00
2007-07-02	我的现金	【维修】电器	人民币		32.00

图 2-1 收支流水账

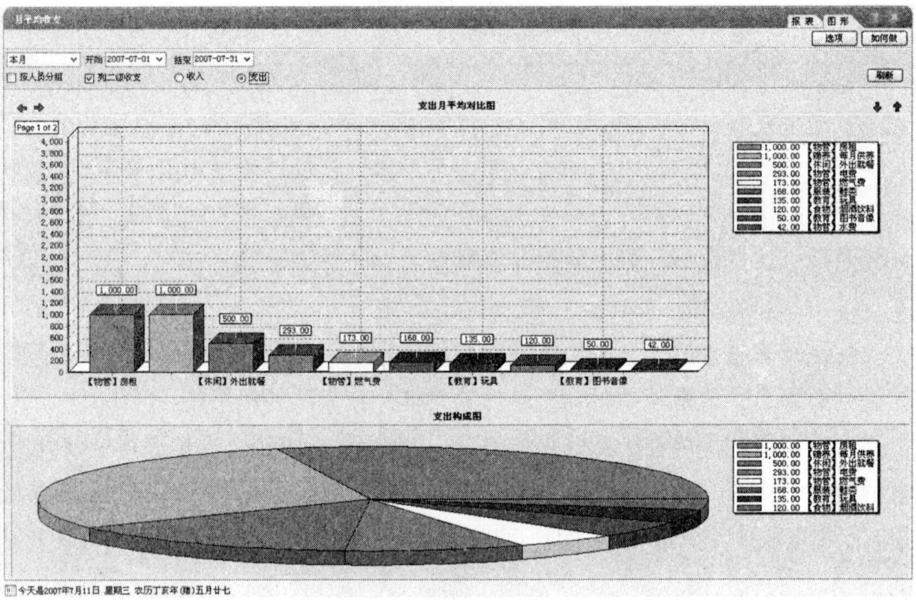

图 2-2 支出月平均对比

3. 编制报表

在每天认真做账的基础上，每月月底都要把上月的收支情况汇总填制“月收支统计表”和“月资产负债表”。这对下一步进行家庭财务分析非常重要。

“月收支统计表”（见表 2-2）也可称为“月损益表”，由于使用的记账方法是现金收付制而不是权责发生制，因此“月收支统计表”实际上也就是现金流量表。这张表反映的是上一个月内家庭收入、支出及余额的财务状况。

表 2-2　月收支统计表

月收支统计表 年　　月	
一、收入	金额（元）
1．工资收入（包括奖金、津贴、加班费、退休金）	
2．兼职收入（包括劳务报酬、稿酬、咨询、中介费）	
3．投资收入（包括房租、利息、股息、红利）	
其他收入	
收入总额	
二、支出	
可控支出	
1. 日常生活消费（食品、服饰费）	
2. 交通费（公交、出租车、存车、汽油、汽车维修、年检、养路费）	
3. 医疗保健费（医药、保健品、美容、化妆品、健身费）	
4. 耐用品购置费（购车、家具、家用电器费）	
5. 旅游娱乐费（旅游费、书报费、视听费、会员费）	
6. 投资费（储蓄，分红、万能、投连保险，债券，基金，股票，期货，外汇，黄金，收藏品，房地产，实业）	
不可控支出	
7. 家庭基础消费（水、电、气、保姆、物业、电话、上网费）	
8. 教育费（学杂费、教材、培训费）	
9. 保险费（社保、意外伤害险、健康险、寿险、财产险、交强险、车全险）	
10. 税费（房产税、契税、个人所得税、车船使用税）	
11. 还贷费（房贷、车贷、投资贷款、助学贷款、消费贷款）	
其他支出	
支出总额	
三、盈余	
（收入总额－支出总额 ＝ 盈余）	

“月资产负债表”（见表 2–3）是反映在截止日前家庭基本财务状况的报表。从表中可以得知家庭资产的构成，债权债务的关系；家庭的财务实力及发展趋向，偿债能力及资产结构的变化；家庭资产诊断所需要的主要资料；家庭净资产总额。

表 2–3　月资产负债表

<table>
<tr><td colspan="7">月资产负债表
年　　月</td></tr>
<tr><td colspan="3">资产</td><td>金额（元）</td><td colspan="2">负债及净资产</td><td>金额（元）</td></tr>
<tr><td rowspan="17">金融资产</td><td rowspan="4">流动资产</td><td>现金与活期存款</td><td></td><td rowspan="4">流动负债</td><td>短期欠款</td><td></td></tr>
<tr><td>定期存款</td><td></td><td>赊账款</td><td></td></tr>
<tr><td>借出款</td><td></td><td>信用卡透支</td><td></td></tr>
<tr><td>其他</td><td></td><td>其他</td><td></td></tr>
<tr><td rowspan="10">投资资产</td><td>债券</td><td></td><td rowspan="10">长期贷款</td><td>住房贷款</td><td></td></tr>
<tr><td>基金</td><td></td><td>汽车贷款</td><td></td></tr>
<tr><td>股票</td><td></td><td>消费贷款</td><td></td></tr>
<tr><td>商品期货</td><td></td><td>助学贷款</td><td></td></tr>
<tr><td>金融期货</td><td></td><td>投资贷款</td><td></td></tr>
<tr><td>外汇</td><td></td><td>私人借款</td><td></td></tr>
<tr><td>分红、万能、投连保险的现金价值</td><td></td><td>其他</td><td></td></tr>
<tr><td>房地产投资</td><td></td><td></td><td></td></tr>
<tr><td>实业投资</td><td></td><td></td><td></td></tr>
<tr><td>其他</td><td></td><td></td><td></td></tr>
<tr><td rowspan="3">年金保险资产</td><td>年金及养老账户</td><td></td><td rowspan="7" colspan="2">负债总额</td><td rowspan="7"></td></tr>
<tr><td>寿险、健康保险现金价值</td><td></td></tr>
<tr><td>其他</td><td></td></tr>
<tr><td rowspan="7" colspan="2">实物资产</td><td>自用住房</td><td></td></tr>
<tr><td>汽车</td><td></td></tr>
<tr><td>高值家具、用具</td><td></td></tr>
<tr><td>高值电器、器械</td><td></td></tr>
<tr><td>高值衣物、首饰</td><td></td><td rowspan="3" colspan="2">净资产总额</td><td rowspan="3"></td></tr>
<tr><td>黄金、珠宝、收藏品</td><td></td></tr>
<tr><td>其他</td><td></td></tr>
<tr><td colspan="3">资产总额</td><td></td><td colspan="2">负债及净资产总额</td><td></td></tr>
</table>

“现金日记账”、“月收支统计表（损益表）”及“月资产负债表”这三张表在个人理财中起着十分重要的作用，为理财的财务分析提供了原始依据和基础资料。对制订预算和理财规划方案，对优化家庭消费结构、帮助家庭实现资产快速增值都将具有重要意义。

三、财务分析

个人资产负债表和现金流量表会充分显示个人财务状况的健康程度，并可以据此了解期望实现的消费支出和实际收入、储蓄及投资之间的差距。然后，通过对各项财务比率进行分析，可以衡量拥有的资产在偿付债务、流动性和赢利性等方面的能力，同时反映出自己的风险偏好、生活方式和价值取向，从而找出改善财务状况、实现财务目标的方法。

1. 常见财务比率分析

（1）净资产偿付比率

净资产偿付比率，又称资产权益率，其计算公式为：

净资产偿付比率＝净资产÷总资产

净资产＝总资产－负债

该比率反映了综合还债能力的高低，能用来判断自己财务状况的风险程度。

例如，如果你的净资产为 500000 元，总资产为 700000 元，那么偿付比率为 500000÷700000≈0.71，这意味着即使在经济不景气时，你也有能力偿付所有的债务。

理论上，偿付比率的变化范围在 0~1 之间。一般而言，该比率处于 0.7~0.8 较为适宜。如偿付比率太低，意味着现在的生活主要靠借债来维持，一旦债务到期或收入大幅度下降，资产也会随之出现损失，则很可能发生资不抵债的破产迹象。如果偿付比率过高，比如接近 1，那意味着你可能没有充分利用自己的信用额度。在这种情况下，有必要通过借款来进一步优化其财务结构。

（2）资产负债率

资产负债率是反映综合偿债能力的更为常用的比率指标，同样可以判断自己财务状况的风险程度。其计算公式为：

资产负债率＝负债÷总资产

由于“净资产＋负债＝总资产”，所以资产负债率和净资产偿付比率之和为“1”。

资产负债率的数值也是在 0~1 之间，该数值控制在 0.5 以下较为理想。如果该比率低于 0.5，那么由于资产流动性不足而出现财务危机的可能性较小。如果该项比率大于 1，则意味你的财务状况已趋恶化，不容乐观，从理论上讲你已经破产。

（3）负债收入比率

负债收入比率又称债务偿还收入比率，是衡量财务状况是否良好的重要指标。该比率是某一时期（1 个月、1 季度或 1 年）到期财务本息和收入的比值。因财务偿还是在缴纳所得税之前进行，这里采用的是每期税前收入。其计算公式是：

负债收入比率＝负债÷税前收入

如果收入和财务支出都相对稳定，可以用年作为计算周期。如果收入和财务数额变化较大，则应该以月为周期进行计算，这样才能更准确地反映收入满足债务支出的状况，避免某些月份因收入不足或到期债务较多而产生债务危机。

比如，你的年总收入为 150000 元，债务支出中“房屋贷款偿还”和“个人贷款偿还”两项共计 50000 元，将该数值除以客户当年的总收入，得到债务收入的比率为 0.333。该数值意味着你每年收入中的 33.3%用于偿还债务，这一指标是适中的。

从财务安全的角度看，个人的负债比率数值如果在 0.4 以下，其财务状况属于良好状态。如负债收入比率高于 0.4，则继续借贷融资会出现一定的困难。也有学者认为，要保持财务的流动性，负债收入比率在 0.36 左右最为合适。当然，如果负债收入比率较高，应该进一步深入分析自己的资产结构、借贷信誉和社会关系情况，然后再作出判断。比如，美国的很多居民都通过参与职工福利计划为自己提供收入保护，他们就不需要保留过多的流动资产。另外，年龄的差异对负债比率的高低也有相当影响。

（4）流动性比率

资产的流动性是指资产在未来可能发生价值损失的条件下迅速变现的能力。能迅速变现而不会带来损失的资产，流动性就强；相反，不能迅速变现或变现过程中会遭受损失的资产，流动性就弱。在财务分析中，一般将“现金及现金等价物”看做是流动性资产，流动性比率就反映了这一类资产数额与每月支出的比率，其计算公式如下：

流动性比率＝流动性资产÷每月支出

按照国际上通用的经验标准，流动性比率至少要大于3，在3~12比较合理。也就是通常所说的，一个家庭需要保留每月支出3~12倍的现金存款。这样才能保证在遇到变故时，至少有维持3~12个月生活开支的现金。即使因变故而需要变卖财产套现（如卖房子），也可以有比较充裕的时间找寻买家。

流动性比率过高的现象在高收入群体中较为普遍，很多人发了工资便不去管它。其实，流动性比率过高也不好，影响理财收益的提高，财务状况同样也会进入亚健康状态。因此，只要你有固定的收入保障或工作十分稳定，那么资产流动性比率可以维持得较低一些。比如，将更多资金用于资本市场投资，就可能获得更高的收益。

如果收入分布不均衡，流动性比率应相应地高一些。

（5）储蓄比率

储蓄比率是指盈余和收入的比率，它反映了你控制开支和增加净资产的能力。为了更准确地体现你的财务状况，这里采用的一般是税后收入。其计算公式如下：

储蓄比率＝盈余÷税后收入

比如，你的总收入为400000元，税收支出为120000元，那么税后收入为400000－120000＝280000元，储蓄存款为56000元，则储蓄比率为56000÷280000＝0.20。也就是说，在你满足当年的支出后，可以将20%的税后收入用于增加储蓄或投资。

在美国，受高消费低储蓄观念的影响，居民的储蓄率普遍较低，平均储蓄比率只有5%~8%。但在中国，由于储蓄是为了实现某种财务目标，则该比率会比较高，目前通常都达到了30%左右。

（6）投资与净资产比率

投资与净资产比率是指投资资产除以净资产，求得的两者之比。这一比率反映了通过投资增加财富以实现其财务目标的能力。其计算公式如下：

投资与净资产比率＝投资资产÷净资产

比如，你的投资资产为500000元，净资产为800000元，投资与净资产比率为500000÷800000＝0.625，这表明你的净资产有一半以上是由投资组成的。

专家认为，将投资与净资产比率保持在0.5以上，才能保证净资产有较为合适的增长率。对较年轻的客户而言，由于财富积累年限尚浅，投资在资产中的比率不高，他们的投资比率也会较低，一般在0.2~0.3。

2. 综合性财务比率分析

（1）理财成就率

理财成就率是衡量一段期间的理财绩效。一般而言，在不进行任何投资理财的情况下的标准值为100%，而理财成就率愈大，则表示理财成绩愈好。必须特别注意的是，理财成就率的算法有一假设性的前提，即储蓄的成长率等于投资报酬率。其计算公式如下：

理财成就率＝目前的净资产÷（目前的年储蓄额×已经工作年数）

比如，你已经工作了8年，平均年储蓄50000元，目前拥有净资产600000元，那么你的理财成就率为600000÷（8×50000）＝1.5。这表示过去你进行财务管理的成绩非常不错，今后继续保持。

（2）资产成长率

资产成长额等于年储蓄额加上年投资收益，资产成长率就是资产成长额与期初总资产的比率，它表示财富增加的速度。家庭得以快速致富的财务原因，就是提高了其资产成长率。其计算公式如下：

资产成长率＝资产成长额÷期初总资产
＝（年储蓄额＋年投资收益）÷期初总资产
＝（年储蓄额÷年收入）×（年收入÷期初总资产）＋金融资产额或生息资产额÷期初总资产×投资报酬率
＝储蓄率×收入周转率＋金融资产额或生息资产比重×投资报酬率

比如，你年初拥有资产净值约1000000元，当年储蓄额为250000元，投资收益也为250000元，则资产成长率为（250000＋250000）÷1000000＝50%。

设法维持每年正值的资产成长率，是资产成长的第一目标。根据这个公式，可以知道提高资产成长率有多种方式，如提高储蓄率，提高收入周转率，提高金融资产或生息资产占总资产的比重，或者提高投资报酬率。

如果目前有负债，例如房贷、车贷、小额信贷等，尽可能提早还款，减轻财务负担，将资金运用在其他投资工具上，提高投资收益。

（3）财务自由度

财务自由度是理财中一项很重要的指标，它是衡量纯粹以投资报酬来支付消费支出的比率。如果一个人不用“朝九晚五”地上班，单靠投资理财所取得的收益就完全可以维持较好的财务状态，那么这个人的财务自由度就高；如果一个人除了工资之外几乎没有任何理财收入，那他的财务自由度就很低了。具体而言，财务自由度的计算公式如下：

财务自由度＝目前的净资产×投资报酬率÷目前的年支出

＝投资性收入（非工资收入）÷日常消费支出

理想的目标值是退休的时候，财务自由度为 1，即包括退休金在内的资产投资生息，靠利息和各种投资收入就可以应付支出。当然，财务自由度大于 1 就更好了。那样，你不单能够财务自由，人生也会更加自由惬意。

如果你的财务自由度远低于应有的标准，那么应该更积极地进行储蓄投资计划。当整体投资报酬率随存款利率日见走低时，即使净资产没有减少，财务自由度也会降低。此时应设法以储蓄来累积净资产，否则就只能降低年支出的水平，方可在退休时达到财务独立的目标。

第二节　降低理财成本

小故事

无知才是最大的成本

一位经济学教授问他的学生："有一个商人，他要运一批黑色的衬衣到非洲去卖。你们想一想，他这一笔买卖的成本该怎样算？"

学生们议论纷纷，有的说要算运输费，有的说要算进口税……

等大家静下来，教授正色道："我问你们，谁看见曼德拉穿过黑衬衣？"

学生们面面相觑。原来，非洲气候炎热，太阳光照射强，谁穿上黑色衬衣，皮肤就可能会被灼伤。

教授叹了口气说："无知才是最大的成本。"

如果你打算理财，那就应该首先多花点时间学习理财知识。这样，才能消除最大的理财成本——无知。

在理财过程中，成本无处不在。你只有知道成本所在，才能有针对性地降低理财成本。做正确的事是目标问题，正确地做事是方法问题。充分考虑各类成本是正确的理财方法。

理财成本中，有一些成本是你看得见的，如税款、手续费、佣金等。还有一些虽然不是严格意义上的成本，但在财务学方面，它视同成本。比如押金，它长期占用你的资金，从而失去了赢利能力。长期来看，这些款项都要视同成本来对待，因为这些款项将稀释你的收益率。另外，有些成本不是发生在理财的过程中，而是在理财之前。比如，你想进行某项投资的前期市场调研费用，构成沉没成本（已发生或承诺支出的成本、无法回收的成本支出）。

接下来，让我们来了解几个重要的理财成本。

一、机会成本

机会成本，又称择一成本，是指在经济决策过程中，因选取某一方案而放弃其他方案所付出的最大代价或丧失的最大潜在利益。

机会成本建立在资源（时间、金钱、精力等）稀缺性假设之上。在资源稀缺的世界中，人们必须作出选择。在人们作出选择之后，就意味着拒绝了其他的选择或机会，被拒绝的选择或机会可能获得的最大潜在收益就是该选择的机会成本。

机会成本是一项不会发生的成本，它只是一个用于投资方案比较的参考数值，可以帮助理财者作出更加经济的决策。在理财过程中，如果作出错误的选择或判断，可能会导致目标发生偏差，从而导致实际发生的成本显著提高。

机会成本的客观衡量价值是完全竞争市场中的价格，但现实中它多数源自你的主观判断。

1. 机会成本的分类

（1）个人机会成本

个人机会成本涉及的资源包括时间、健康、精力、人力资源等。个人机会成本经常无法用货币进行衡量。

比如，你决心投身股市，在实战交易之前，你购买了大量的书籍，并参加了股票操作培训班，为此花费了很多精力，也放弃了很多休闲时间。那么，购买书籍的费用和培训费是沉没成本，而花费的精力、放弃的休闲时间则是机会成本。

再比如，你作为软件工程师每月可以赚 2 万元，而自己开家软件公司平均每月可以赚 1.5 万元。那么，从经济学的角度来看，你应该选择打工而不是当老板。这叫做比较优势。

（2）财务机会成本

财务机会成本涉及的资源主要是金钱。

假设你有 100 万元，面临四种选择：储蓄、房地产、股票和餐饮店。如果选择储蓄，年收益率为 4%。如果你投资房地产，年收益率为 15%。如果投资股市，年收益率为 25%。如果投资餐饮店，年收益率为 30%。因此，如果你选择投资餐饮店，那么你的机会成本是其他选择中年收益率最高的 25%；如果你选择储蓄、房地产或者股票，那么你的机会成本是年收益率 30%。

2. 机会成本的应用

机会成本是一个学术化的用语，虽然它看起来好像非常陌生，但其实在你我的生活中它几乎无时无刻不存在。这里之所以提及，是为了让大家更加清楚地意识到机会成本的存在，并能利用机会成本进行更经济的理财决策和更理性的理财评估。

中国那句老话 “鱼和熊掌不能兼得”，就非常形象地说明了机会成本的存在。你想要鱼，那么就要损失熊掌（机会成本）；而你选择熊掌，就不得不放弃鱼（机会成本）。那么该如何选择“鱼”和“熊掌”呢？

首先，我们要衡量“鱼”和“熊掌”的价值。如果你喜欢“熊掌”，那么“熊掌”在你心目中的价值更高。在理财过程中，最好还是换算成市场价格，假设“鱼”是 20 元/斤，“熊掌”是 50000 元/只（违法哦，别真打它的主意）。

然后，我们来衡量获取“鱼”和“熊掌”的风险。“捕鱼”相对是一件轻松惬意的事情，而“猎熊”……够刺激！

接着，再来衡量一下获取“鱼”和“熊掌”的代价。“捕鱼”需要渔网、渔船等，耗费金钱约 3000 元/月；花费的时间约为每日 5 个小时；精力耗费比较少。“猎熊”需要购买猎枪、子弹等，还要租辆车、雇俩人，大概支出为 25000 元/月；花费的时间约为 1 个月；非常耗费精力。

再接着，衡量一下“鱼”和“熊掌”的收获。“猎熊”两个月才有所斩获，得熊掌 4 只，4 只×50000 元/只＝200000 元；“捕鱼”两个月大概可以收获 2000 斤，2000 斤×20 元/斤＝40000 元。

最后，结合自己的价值观、财务状况、风险偏好和风险承受能力等，综合作出决策。比如，虽然“熊掌”收益高很多，但其风险过高，而且其前期投入过多，所以你选择放弃；而“捕鱼”虽然收益低，但前期投入少，精力耗费低，时间占用不多，所以你决定“捕鱼”。

这是一个非常粗糙的机会成本应用示例。在实际理财过程中，应该更加详细地衡量各项资源，以求作出最符合你个性的选择。

3. 机会成本的注意事项

（1）不要陷入衡量的陷阱之中。天下没有完美无缺的决策，如果你老是徘徊在各种选择之中，却不采取行动，无疑是最大的失败。比如，10 年前你就打算理财，但创业你觉得太费精力，炒股你觉得风险太高，投资房地产你觉得资金周转不灵活……结果10年过去了，你还在不停地权衡，从来没有作过任何决定，错过的机会几箩筐。

（2）利用机会成本来评估理财效果时，若发现机会成本大于现实收益，则决策是失误的；如果机会成本小于现实收益，决策是正确的。

（3）如果决策是错误的，吸取教训，然后继续理财行程。千万不可过于纠缠于错过的机会，否则得不偿失。

（4）机会成本具有超前或者向前看的特征，所以不可拿事先没有考虑过的选择来评估自己的决策。如果因此推论出自己的决策有失误，还懊恼不已，实在是不值得！

比如，我们经常听到很多人说："我早就看好××股票，如果我购买××股票而不是我现在这只，我现在都赚了30%了。"但事实却可能是，他事先只是不小心扫到这只股票，并没有真正将其列入选择范围内。又比如，我们还会经常听到有人说："那个楼盘我早就看好了，如果我前年买，现在都涨了几十万元了。"可事实却是，他只是看广告偶尔发现这个楼盘，当时根本就没打算买。

二、税收成本

税收是国家为了实现其职能，按照法定标准，无偿取得财政收入的一种手段，是国家凭借政治权力参与国民收入分配和再分配而形成的一种特定分配关系。

税收具有强制性、无偿性和固定性三个基本特征。

税收的强制性指在国家税法规定的范围内，任何单位和个人都必须依法纳税，否则就要受到法律的制裁。

税收的无偿性指国家征税以后纳税人缴纳的实物或货币随之就转变为国家所有，不需要立即付给纳税人以任何报酬，也不再直接返还给纳税人。

税收的固定性指国家在征税以前，就通过法律形式，把每种税的纳税人、课税对象及征收比例等都规定下来，以便征纳双方共同遵守。

对于个人而言，税收是理财中的重要成本。税收在每个人的理财生活中扮演着重要角色，合理利用免税和减税政策已经成为理财的一项常识。

那么，税收成本具体包括哪些呢？很多人认为，只有投资才会负担大量税收成本，否则只要缴纳个人所得税即可。这种想法有些片面！其实，个人理财的税收成本主要包括三个方面：个人所得税、投资负担的税收和消费负担的税收。

1. 个人所得税

小故事

王小姐是一家广告公司的业务员，每月底薪 800 元，收入主要靠业务提成。去年她盯上一个大客户，好不容易拿到了大额订单，王小姐由此可以得到 20 余万元的提成，辛苦了近一年终于喜获丰收。可公司财务却告诉她，这笔收入按一次性收入纳税，税金大约 8 万元。王小姐心疼地说："我每个月只拿 800 元的工资，业务开销都是拿自己的钱来贴。这笔钱应该是全年工作的报酬，怎么是一次性收入呢？"

经过向税务部门咨询，王小姐得知，她的这种收入可以分月领取，按月纳税，她开心地回到公司与领导协商妥了每月加薪的事，加薪金额为 20 余万元除以 12 个月。这样一来，王小姐每月的收入就是底薪 800 元加上加薪数额，共计近 2 万元。12 个月累计税金只有按一次性收入缴税的一半不到。

将高额提成收入化整为零，按月领取并申报纳税，从而可以合法节税。

个人所得税是对个人（自然人）取得的各项应税所得征收的一种税，是国家运用税收这个经济杠杆，适当调节各社会成员间的收入水平，以利于经济改革的深入发展，保障社会安定团结的重要举措。

下列的个人各项所得，应缴纳个人所得税：

①工资、薪金所得，是指个人因任职或受雇而取得的工资、薪金、奖金、年终加薪、劳动分红、津贴、补贴以及与任职、受雇有关的其他所得。

②个体工商户的生产、经营所得，是指个体工商户或个人从事工业、手工业、建筑业、交通运输业、商业、饮食业、服务业、修理业及其他行业取得的所得，个人经政府有关部门批准取得执照从事办学、医疗、咨询以及其他有偿

服务活动取得的所得，其他个人从事个体工商业生产、经营取得的所得，上述个体工商户和个人取得的与生产、经营有关的各项所得应纳税。

③对企业事业单位的承包经营、承租经营所得，是指个人承包经营或承租经营企业、事业单位取得的所得，以及转包、转租取得的所得，包括承包或承租人按月或者按次取得的工资、薪金性质的所得。

④劳务报酬所得，是指个人从事设计、装潢、安装、制图、化验、测试、医疗、法律、会计、咨询、讲学、新闻、广播、翻译、审稿、书画、雕刻、影视、录音、录像、演出、表演、广告、展览、技术服务、介绍服务、经纪服务、代办服务以及其他劳务取得的所得。

⑤稿酬所得，是指个人因其作品以图书、报刊形式出版、发表而取得的所得。

⑥特许权使用费所得，是指个人提供专利权、商标权、著作权、非专利技术和其他特许权的使用权取得的所得。所说的提供或转让著作权的所得，不包括稿酬所得。但作者将自己的文字作品手稿原件或复印件公开拍卖（竞价）取得的所得，应按特许权使用费所得项目征收个人所得税。

⑦利息、股息、红利所得，是指个人拥有债权、股权而取得的利息、股息、红利所得。

⑧财产租赁所得，是指个人出租建筑物、土地使用权、机器设备、车船以及其他财产取得的所得。

⑨财产转让所得，是指个人转让有价证券、股权、房屋、建筑物、土地使用权、机器设备、车船以及其他财产取得的所得。

⑩偶然所得，是指个人得奖、中奖、中彩以及其他偶然性质的所得。

⑪经国务院财政部门确定征税的其他所得。

具体征收办法参见《中华人民共和国个人所得税法》。

2. 投资的税收成本

小故事

在诸多投资理财方式中，储蓄是风险最小、收益最稳定的一种，但是央行连续降息加上征收利息税、银行收费等已使存款利率压缩到很低的水平。眼看本来就少得可怜的利息又扣掉20%的税金，普通百姓难免有一点心疼。面对储蓄存款利息收入高达两成的税收成本，妙用免税的教育储蓄将是您的理财法宝。

教育储蓄是国家为了大力发展教育事业而推出的储蓄品种，适用于有需要接受非义务教育的孩子的家庭。它可以享受两大优惠政策：一是在国家规定对个人所得的教育储蓄存款利息所得，免除个人所得税；二是教育储蓄作为零存整取的储蓄，享受整存整取的优惠利率。相对于其他储蓄品种，教育储蓄利率优惠幅度在25%以上。

以某工薪家庭目前为刚读初中的子女进行存款为例，同样是每月存入554元，3年存足20000元。如选择普通3年期零存整取储蓄，年利率为1.89%，到期扣除利息税116.22元后的本息总额为20408.89元；若选择同期教育储蓄，享受3年期整存整取2.52%的年利率，且免征利息税，到期本息总额为20718.82元，比前者多出309.93元。若选择同等总额6年期储蓄作比较，算法相同，则教育储蓄可比同类普通储蓄多收入929.59元。如果利率高的话，两者相差会更多。

存银行要缴利息税，交易股票要缴印花税，购买房屋要缴房产税，出租房屋要缴个人所得税……如果投资创业，要缴的税种就更多，如增值税、流转税、营业税、企业所得税等。面对五花八门的税收，如果可以通过合法的方式进行避税，也可以降低理财成本。

3. 消费的税收成本

小故事

李先生是个股市大赢家，股票账户从两年前的100万元迅速上涨为现在的1000万元。

一年前，他注册了一家小公司，并雇了一些人帮他打理生意。但这一年来，公司的效益实在是比较差，只能勉强维持收支平衡。

于是，他的朋友劝他关掉公司专心炒股，但他的一番话让人茅塞顿开。

他说："我开公司并非为了赚钱，而是为了省钱。"

"比如，我如果把自己的钱全部存进银行，就非常不划算，利率很低，还要缴纳20%左右的利息所得税。但存进公司就不同了，国家规定的是个人的存款取得利息收入要缴纳利息所得税，但是没有规定公司法人的存款也要缴纳利息税。这样一来，我一年就可节省利息税4万元。这是其一。"

"另外，如果我日常消费，比如买车、买房，都是用的税后收入。也就是说，我要先缴个人所得税，然后再消费。可如果通过公司来进行日常消费，使用的都是税前收入。也就是说，我的消费变成了费用，先冲减收入之后，剩余部分才用来缴税。这样我的税负就减轻很多！"

"还有，我通过公司给自己购买住房公积金、医疗保险金，不计个人当期的工资、薪金收入，也可以不用缴纳个人所得税。"

"我还竞拍了一些艺术品，所有的开销都挂在企业账上，摊入企业经营成本，使企业免交了部分所得税。另外，这些艺术品作为'经营设施'，年年都要折旧，最终消耗为零资产。但艺术品本身其实在逐年升值，最后还可合法转归个人。"

"最后，这个公司虽然赢利性不好，但毕竟还可以自负盈亏，满意了！"

"我们消费也要缴税吗？"很多人对此表示不解，因为他们购买东西的时候，只看到售价，没看到售价背后的税负。其实，对普通民众而言，消费是我们缴纳税收最多的地方。换言之，消费的税收成本最高。

首先，让我们了解下面几个税收概念：

间接税，是指纳税义务人不是税收的实际负担人，纳税义务人能够用提高价格或提高收费标准等方法把税收负担转嫁给别人的税种。属于间接税税收的纳税人，虽然表面上负有纳税义务，但是实际上已将自己的税款加于所销售商品的价格上由消费者负担或用其他方式转嫁给别人，即纳税人与负税人不一致。目前，世界各国多以关税、消费税、销售税、货物税、营业税、增值税等税种为间接税。间接税为对商品和劳务征税，商品生产者和经营者通常均将税款附加或合并于商品价格或劳务收费标准之中，从而使税负发生转移。间接税的税收负担最终由消费者负担。

税负转嫁，就是纳税人不实际负担所纳税收，而通过购入或销出商品的价格的变动，或通过其他手段，将全部或部分税收转移给他人负担。国家对纳税人课税，其税负的运动结果有三种情况：一是纳税人将所缴纳的税款，通过转嫁使税负最终落在负税人身上；二是税负无法转嫁而由纳税人自己承担；三是转嫁一部分，纳税人自己承担一部分。

税负归宿，亦称“税收归宿”、“赋税归宿”、“课税归宿”，是指税收负担的最后归着点，表明全部税收负担最后是由谁来承担的。

通过上面三个概念，我们基本上可以明白消费也要承担税负的道理了。所以，如果像上例中李先生一样，将自己的日常消费转化成自己企业的成本，那么就可以将这些消费品的税负继续转嫁给他人承担了。

当然，对于很多人来讲，开办企业并不是容易的事情，那么只能通过控制无谓的消费，来降低消费的税收成本了。

三、折旧

日常生活中存在的一些理财误区，会使我们在理财时盲目乐观，进而影响我们对家庭财务状况的判断。在盘点家庭资产时不提折旧，就是许多家庭容易步入的一大理财误区。比如，你购买了投资性的房产，靠出租赚钱，如果不提折旧会使账面的利润很高，但实际的收益并不好，这会美化你的财务状况，给你的理财带来误导。

所以，固定资产一定要计提折旧。这一点看起来很简单，可真正做到的人并不多。

1. 计提折旧

家庭中的固定资产该如何计提折旧呢？下面介绍两种最常用的计提折旧的方法。

（1）平均年限法

平均年限法是指按固定资产的使用年限平均计提折旧的一种方法，是最简单、最普遍的折旧方法。平均年限法适用于各个时期使用情况大致相同的固定资产折旧。固定资产在一定时间计提折旧额的大小，主要取决于下列因素：固定资产的原值、预计使用年限、固定资产报废清理时所取得的残余价值收入和支付的各项清理费用。

比如，一套房屋的装修成本为 10 万元，折旧年限为 10 年（酒店的装修一般都是按照 10 年计提），残值约为 1 万元，无清理费用，那么每年的折旧费就是 9000 元。

（2）工作量法

工作量法是根据实际工作量计提固定资产折旧额的一种方法，与年限平均法同属直线折旧法。实质上，工作量法是平均年限法的补充和延伸。工作量法适用于那些在使用期间负担程度差异很大，提供的经济效益很不均衡的固定资产。

工作量法的固定资产折旧额的计算有以下两种方法：

①按照行驶里程计算折旧，其计算公式如下：

单位里程折旧额＝原值×（1－预计净残值率）÷总行驶进程

比如，你购买了一台价格 200000 元的汽车，预计总行驶里程为 100000 公里，估计残值为 20000 元，那么单位里程折旧额为 1.8 元。

②按工作小时计算折旧，其计算公式如下：

每工作小时折旧额＝原值×（1－预计净残值率）÷工作总小时

比如，你购买了一台价格 10000 元的笔记本电脑，预计总使用时间为 5000 小时，估计残值为 1000 元，那么每工作小时折旧额为 1.8 元。

2. 编制折旧表

如果要更加精确地评估个人/家庭的财务状况，应该编制折旧表，尤其是对于一些拥有较多实物资产的人。编制折旧表最主要的目的是为编制资产负债表和利润表提供基础数据。对于刚参加工作或者资产很少的人，为简便起见，可以忽略折旧表。

（1）折旧表的项目

①资产类别及名称。

②折旧期限，通常以月度或者年度为单位。

③资产购置日期。

④资产原值。

⑤资产折旧期满后残值，通常残值设为0。

⑥当期折旧金额。

⑦累计折旧期数。

⑧累计折旧金额（累计折旧金额＝当期折旧金额×累计折旧期数）。

⑨资产净值（资产净值＝资产原值－累计折旧金额）。

（2）折旧表包含的资产类别

①住房装修。此处住房装修指附属于房屋本身的装修，不包含家具、家电。

②家具。家具应对保值类（如红木家具）与易淘汰类（如普通家具）进行区别处理。保值类家具可以把折旧年限设置的长一些，而易淘汰类则快速折旧。

③电子产品，如计算机及周边设备、家用电器、数码产品等。

④机动车辆，如汽车。

⑤其他，如艺术品、珠宝等。

【案例】

假设现在的时间是2007年3月月底。王先生的家庭资产中需要进行折旧的内容有：

2003年5月完成房屋装修，装修原值10万元，至今已经46个月。

2003年5月购买普通家具，全套购入价5万元。

2003年7月购买电视、空调、冰箱等家电设备，共3万元，至今已经44个月。

2004年10月购买台式电脑一台及打印机一台，共1.5万元，至今29个月。

2005年8月购买笔记本电脑一台，价值1.2万元，至今19个月。

2005年10月购买汽车一辆，新车购置价20万元，至今17个月。

折旧表编制如表2-4所示：

表 2-4 折旧表 单位：元

资产	原值	残值	折旧期限（月）	当期折旧	累计使用期限（月）	累计折旧	年度折旧	净值
房屋装修	10 万	0	60	1667	46	76667	20000	23333
家具	5 万	0	60	833	46	38333	10000	11667
家电	3 万	0	60	500	44	22000	6000	8000
台式电脑及打印机	1.5 万	0	36	417	29	12083	5000	2917
笔记本	1.2 万	0	36	333	19	6333	4000	5667
汽车	20 万	0	120	1667	17	28333	20000	171667
合计	40.7 万	0		5417		183750	65000	223250

通过表 2-4 我们就可以非常直观地看出折旧是如何消耗我们的财富的。我们看到案例中的王先生，累计投入的资产原值为 40.7 万元，但目前这些资产的现值大约只有 22.3 万元，折旧消耗了他约 18.4 万元的财富，平均每月在折旧上的财富损耗速度为 5417 元。我们从折旧表中知道，在 2006 年一年里折旧消耗了他 6.5 万元的财富。

理财小提示

保险是富人经常采用的节税途径。

在保险计划的账户上投资的妙处是涨了钱，不需每年缴税，成复利增长。需要用钱时，可以用变通的办法，照用不误。利用保险公司的产品理财，不能使人暴发，但可以使人安心，同时一定可以使人慢慢积聚财富。

居民在购买保险时可享受三大税收优惠：一是企业和个人按照国家或地方政府规定的比例提取并向指定的金融机构缴纳的住房公积金、医疗保险金，不计个人当期的工资、薪金收入，免于缴纳个人所得税。二是由于保险赔款是赔偿个人遭受意外不幸的损失，不属于个人收入，免缴个人所得税。三是按照国家或省级地方政府规定的比例缴纳的住房公积金、医疗保险金、基本养老保险金和失业保险基金存入银行个人账户所取得的利息收入，也免征个人所得税。

第三节 编列财务预算

"凡事预则立，不预则废。"

预算是控制目标达成的工具。不管是资金流量的累积、存量的配置，都需要编列预算，让财务目标数量化，然后才可以设定逐步达成所需的金额及进度，用预算来控制收入及支出。简单点讲，预算就好像一张地图，一旦我们知道了自己的财务目标在哪里，它就指示我们如何到达目的地。只有事前进行详细的预算规划，才能让理财目标在理性的程序下顺利达成。

一、什么是预算

给预算下一个最简洁、最准确的定义：预算就是一个计划，一个对家庭未来一定时期收入和支出的计划。预算的本质是个短期理财预测，用以监察和控制支出和购物，其精髓就是"量入为出"。预算避免了你完全无意识地赚钱与用钱，同时为了达到你的财务目标，有针对性地提高收入和控制支出。预算大多是以月为单位，以现金形式来显示每个月的收入和支出。

1. 预算的作用

（1）管理支出

预算提供了将实际支出与计划支出比较的标准。

比如，当你定期（如月底、季度底、年底）认真比较每项支出的实际与预算时，你就能发现哪些支出项目已超标，哪些支出有结余。这样就可为下一个时期的支出与预算作出调整。如削减某项开支，以适应预算目标；或者发现预算可能过于严格，则需调整预算以达到可行。

（2）检查流动性

所谓流动性，就是可以适时应付紧急支付或投资机会的能力。简单来说，就是你有多少流动资金（如现金和活期存款等）。如果发现家庭缺乏流动资金时，就可使用预算（特别是短期预算，如每月）来监测资金的流出情况。此时可能就需要取消或推迟某项支出，以保证有足够的流动资金支付应付项目。

（3）目标计划

预算关注家庭的理财目标，因为大多数目标都与积累资金有关。通过家庭预算，可以监控结余资金的实现。如果没有预算计划，则很难实现当初设立的理财目标，不管是长期的还是短期的。

2. 成功预算的特点

成功的预算必须具备以下两个特点：

（1）有效的沟通

对于家庭而言，要编制成功的预算就必须进行有效的沟通，不仅仅是夫妻之间的有效沟通，还包括父母与子女之间的沟通。

在编制预算之前，最好先举办一次家庭聚会，认真听取一下全部家庭成员的意见，详细列举各家庭成员的所有收入和支出（比如，你要买台笔记本电脑，你妻子要买化妆品，而你儿子要买 PSP 游戏机），并在此基础上拟订预算草案。然后，再结合家庭建设的支出情况（如日常生活开支、购房、购车等），编制预算，并形成书面文件。最后，将书面文件发给各家庭成员，认可后形成最终的预算方案。

有些人认为，孩子没有必要参与到预算的编制中来。这个观点我不认同。其实，让孩子参与到预算的编制中，可以让他们在帮助家人设计并实施家庭预算计划的同时，学习到非常重要的资金管理经验。

（2）设计合理

首先，一份入不敷出的预算方案肯定是不合理的。当然，特殊情况例外，比如下个月你打算购买一辆汽车，那么当月的支出就很可能会大于收入。不过，从年预算的角度来说，最好能维持收支平衡。

其次，预算方案应该覆盖所有家庭成员，不能有遗漏。比如，儿子学校下个月组织旅游，你是否列支相关费用了呢？千万别忽视孩子的需求，不要认为孩子的支出和收入不重要，即使他们收支的数额再小，也应该予以重视，这样才能让孩子感觉受到尊重。再比如，母亲下个月生日，你是否记得呢？父母辛劳一辈子，虽然可能远在故乡，但对他们的关心不能因为远隔千山万水而淡漠。

再次，预算方案应该囊括所有可预期的收支。不要因为某项支出不起眼而轻视，也不能因为某项收入微薄为忽略。正所谓积少成多，很多的小支出小收入汇集起来也可能会影响你的财务状况。

另外，预算方案应该切合实际。比如，不能为了能够消费，而人为扩大收入。假设你月收入只有 2000 元，存款有 50000 元，投资有 50000 元，为了下个月能够分期付款购买一辆 100000 元的新车，你随便预算下个月投资的收益为 20%（10000 元），从而保证了收支的平衡。毫无疑问，这样的预算是不合理的。再比如，你为了能够尽快使家庭资产壮大起来，刻意地压制家庭成员的支出，这样的预算也是不合理的。预算的目的不是为了阻止大家享受生活，而是为了帮助达到合理的财务目标。

最后，预算方案应该具有弹性。正所谓“世事难料”。计划确实不如变化来得快。所以，一份合理的预算方案应该具备足够的弹性，以应对生活中的种种变数。

3. 预算与理财计划的关系

家庭收支预算和个人/家庭理财计划的关系如图 2–3 所示：

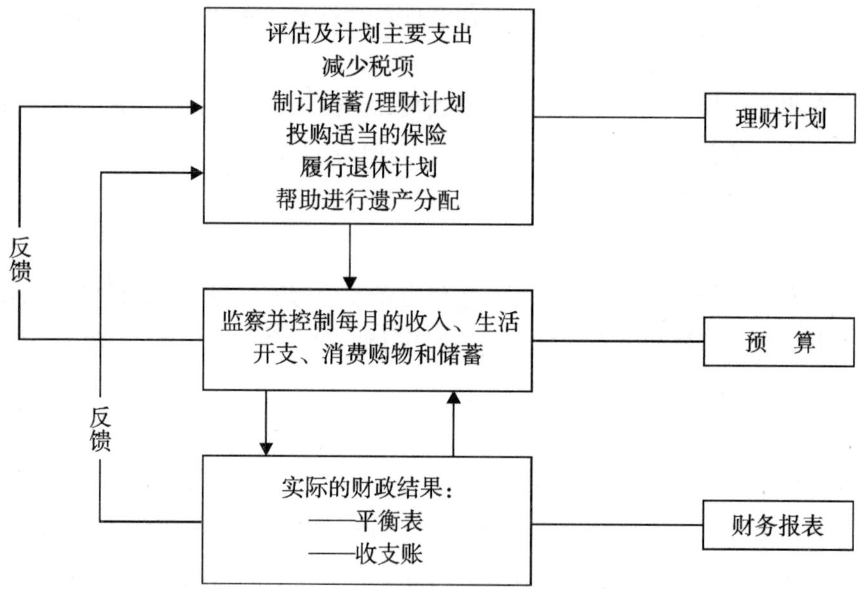

图 2–3　预算与理财计划、财务报表的关系

二、如何编列预算

舒尔茨在《婚姻与自我完善》一书中说道："虽然编制预算的过程会引起某些人的反感，但它确是改进人们花钱方式，把钱用在真正需要的地方上的一种方法，是改善人们花钱习惯的手段。"

1. 编列预算的步骤

完整的预算控制是以每月的收入与支出做基础，加上储蓄与投资两大部分。预算周期可以周、月、季、年为基准，只要符合家庭收支消费的实际周期即可。一般而言，预算编列以月为单位，一年为期限。预算编列可以按照以下四个步骤来进行。

（1）计算预期收入总和

估计收入比估计支出容易，因为薪资、年终奖金、工作奖金、储蓄、租金等大部分的经常性收入基本上都是固定的。除这些经常性收入外，还会有稿酬、救济、赠与、遗产继承、一次性奖金、投资收入及保险金等非经常性收入，这些较难估计。

另外，需要特别注意的是，凡是在未来日子里会再付出去的流入现金（如借款、自办公司吸收股份等），都不能列作收入。

（2）估计预期支出

支出包括食、衣、住、行、娱乐、医疗、保险、纳税及储蓄、投资等项目。

估计预期支出时，先确定支出中的必需项目和数额，包括正常的日常生活开销、数额较固定的房租或者月供、水电费、购物分期付款、赡养费、幼儿入托费以及其他一些必要的费用。然后，估算支出项目中内容不固定、数额变化大的支出项目及其数额。最后，预算大额开销，如筹办婚礼、购买新房、购买新车、准备留学费用等，这些支出最好选择以储蓄的方式来准备资金。

为协助你更清楚自己的支出情况，可以将过去的消费记录（如发票、信用卡对账单等）、水电等各项日常缴费收据和其他支出的证明等收集整理，从而有利于预算的编制。

由于收入有限，因此每一项支出都应按照其重要性来排序，并且根据实际情况作弹性调整。例如，平常喜欢旅游、看电影的人，娱乐支出较高，那么其他项目的支出就该相应减少，才能有更多盈余用做储蓄或投资。此外，还需要考虑时间性或季节性的消费周期，像结婚周年、家人生日、过年送礼、小孩开学等，它们都会增加额外的支出。

（3）计算差额

将当月的现金流入总计减去现金流出总计，就可以了解当月预算是否有盈余或出现赤字。

维持收支平衡是理财的基本原则，一旦有预算赤字出现，就必须删减较不重要的支出，或者以增加收入来达到财务平衡。

（4）定下目标

将每个月的预算盈余（赤字）加总，可以得到年度预算累积的现金状况。如果是正数，表示今年收支平衡，可将剩余的现金进行储蓄或投资；若为负数，则表示未达到财务目标，必须重新调整财务计划和编列预算，以避免财务风险。

另外，还应该把预算收支与实际收支作比较。如果两者没有太大差异，就说明你的预算技巧和理财能力相当不错；如果预算与事实不符，就应对它进行调整。

2. 编列预算表

预算表，或称预算控制工作表，是一种常用的预算控制手段。常用的预算工作表一般列有收入与支出的预算金额、实际金额与差异额三栏（如表 2–5 所示）。通过预算表上的差异数，人们可以发现实际收支数与预算数不相符的情况，从而寻找原因，调整原预算数，或对未来的个人收支进行有效的管理，以实现个人的理财目标。

表 2–5 预算控制工作表

年（月）预算表			
理财目标			
	预算金额	实际金额	差异额
预期收入			
工资			
其他收入			
总收入			
预期流出（资金分配）			
定期存款			
投资储蓄			
紧急备用储蓄			
其他储蓄			
总储蓄			
固定支出			
租金			
抵押贷款			
保险支出			
固定支出总额			
可变支出			
食物消费			
公用支出			
服装费用			
交通费			
教育支出			
个人护理			
休闲娱乐			
人情支出			
个人零用			
其他支出			
总变支出总额			
总流出			

第四节　进行有效投资

小故事

投资切忌盲目跟风

巴菲特的良师益友、被称为“华尔街教父”的本杰明·格雷厄姆曾讲过一则寓言，来描述投资者因股市巨大的影响力而产生的盲目性。

一个勘探石油的人死后要进天堂，圣·彼得在天堂门口拦住他说：“你虽然有资格进入天堂，但留给石油业者居住的地方已经爆满了，我无法把你安插进去。”这人听完，想了一下，提出一个请求：进去跟那些住在天堂里的石油业者说一句话。圣·彼得觉得这没什么，就答应了。于是这人对着天堂里大喊一声：“地狱里发现石油了！”话音刚落，天堂大门顿开，里面所有人都疯狂冲向了地狱。圣·彼得吃惊之余请这人进天堂，但他迟疑了一会儿说：“不，我想我还是跟那些人一起到地狱去吧，传言说不定是真的呢！”

格雷厄姆通过这则寓言告诫投资者切忌盲目跟风。实际上，在大熊市或大牛市中，跟风总是盖过理性思考，这是大多数人最终赚不到钱的原因。即使是那些受过良好教育并拥有丰富投资经验的专业人士，遇到市场冲动也往往无法做到理性。

投资是最为重要的理财工具和手段。对个人理财者而言，投资是为了在未来获取收益而在目前进行的资产构建活动。这里的资产既包括房屋、土地、厂房、设备等实物资产，也包括期货、股票、债券等金融资产。广义的投资则还包括人力资本投资、医疗健康投资、情感投资等内容。

本书所讨论的投资，主要是指购置和建造固定资产，购买和储备金融资产（如股票、债券等）、实物资产（如集邮、古玩、字画、各种收藏品等），以及实业投资（如创办企业等）的经济活动。

我们在第一章已经介绍过投资的定义、特征、分类等内容，关于投资的基本知识在此不再赘述。本节将简单介绍一下投资的一般步骤（见图 2-4）。

图 2-4　投资的一般步骤

一、审视个人状况

在决定自己的投资目标之前，多问自己一些问题，这样设定的目标更准确。比如，回答下面一些问题：

你的理财目标是什么？

你需要多少资金支持才能实现目标？

你现在的财务状况如何？

你能拿出多少资金来投资？

你打算进行一次性投资，还是决定每月拿出固定金额的资本来投资？

在投资期内，你的收入和支出是否可以保持稳定？如果出现波动，对投资有什么影响？

你所能承受的风险有多大？你所愿意承受的风险有多大？

你是否还有额外资金或已购买保险，一旦遇到突发事故，也可应付开支？这笔应急资金是否足够？

投资某个特定市场或产品，有哪些税务或法律方面的限制？

你何时需要取回投资本金？

……

二、设定目标

投资必须要设定目标，否则成功只能是“水中月镜中花”。

对于设定目标的重要性，无论如何强调都不算过分。但不管我们怎样讲事实摆道理，也只有你真心认可才算有用。设定目标并非随口说个愿望那么简单，而是要设置一个标尺，让你明白你与目标之间的距离有多远，并在行动过程中随时观察，以明确自己的前行方向是否正确、前行速度是否理想等。所以，在你开始投资之前，应该耐住性子认真地设定一个投资目标。

三、建立投资组合

投资组合是指投资管理人按照资产选择理论与投资组合理论对资产进行多元化管理，以达到分散风险、提高效率的投资目的。

在设计投资组合时，一般依据下列原则：在风险一定的条件下，保证组合收益的最大化；在收益一定的条件下，保证组合风险的最小化。

投资组合包括三种形式：投资工具组合、投资时间组合和投资比例组合。

1. 投资工具组合

投资工具组合要求投资者不要把全部资金都用来进行单一投资，而应该将资金分成若干部分，分别运用不同的投资工具，投资于不同的领域。

在相同的环境中，不同种类投资工具的风险程度不同，有的甚至是截然相反的。例如，在上调利率时，储蓄存款收益率高，风险很小，而股票投资则会面临股价狂跌的风险，收益率很低，甚至为负数；当银行利率下调时，储蓄投资的利率风险增大，收益降低，股票投资则会因股价上涨，大幅度提高收益率。

如果把资金全部用于储蓄投资或全部投资于股票，若利率下降或上升，其收益会下降，风险很大。而分别投资于储蓄和股票，当利率上升时，储蓄获利会抵销股票投资上的损失；利率下降时，股票投资上的收益又会弥补储蓄上的损失。通过储蓄与股票的组合投资，使得投资风险降低，收益维持在一定水平。

传统的投资工具组合通常采用“投资三分法”，即将全部资金分成三部分：一部分用来进行储蓄、保险；一部分进行股票、债券等投资；还有一部分用于房地产、黄金、珠宝等实物投资。

2. 投资时间组合

投资时间组合要求投资者不要把全部资金一次性地用于投资，而应该分次分批、有计划地进行。各种投资工具在期限上应是长期、中期、短期相结合。

一次性将资金全部投入，若实际情况与预测有所不符，那可能会因手中无备用资金而丧失获取更高收益的机会，或者会承受在该投资环境下无法避免的系统风险。

另外，从资金的时间价值来看，时间越长，收益越高；从流动性角度考虑，时间越短，变现能力越强。家庭投资组合既要求较高的收益，又要保持一定变现能力，以应付突然的现金需求，因此，长期、中期、短期投资应结合起来。

3. 投资比例组合

投资比例组合涉及的是各种投资工具在数量、金额上的比例关系。

分散投资工具，并不意味着投资资金机械地、完全均等地分配到各种投资工具上。由于各种投资工具的风险和收益水平不同，流动性不同，投资者对收益的期望和对风险的偏好不同，投资组合比例就有所不同。一般来说，风险喜好型的人，追逐较高的投资收益，其投资重点偏向于高风险、高收益的股票、期货等投资工具；风险厌恶型的人则将大部分资金用于储蓄、债券等收益基本稳定、风险较小的投资工具。

四、实施投资

在决定了适合您的投资组合后，最好是立即执行投资方案。否则，随着时间、空间的变化，曾经合适的投资组合也许现在就不合时宜了。

五、评估投资效果

你应定期监测和评估投资组合，以确保投资表现符合你的期望。

那么，怎样评估你的投资理财效果呢？

1. 净现值法

净现值法是评价投资方案的一种方法。该方法是利用净现金效益量的总现值与净现金投资量算出净现值，然后根据净现值的大小来评价投资方案。净现值为正值，投资方案是可以接受的；净现值是负值，投资方案就是不可接受的。净现值越大，投资方案越好。

净现值法是一种比较科学也比较简便的投资方案评价方法。在长期投资决策中，净现值法被认为是最好的一种方法。

运用净现值法对投资项目进行评价，关键是现金流量及贴现率的确定。其计算公式为：

$$净现值=\sum_{k=1}^{n}\frac{I_k}{(1+i)^k}-\sum_{k=1}^{n}\frac{O_k}{(1+i)^k}$$

式中：n——投资项目的期限；

I_k——第 k 年的现金流入量；

O_k——第 k 年的现金流出量；

i——预定的贴现率。

如果有两个以上投资方案可进行比较时，仅从计算净现值的大小，还不足以判别哪个方案更好。因为各个方案的投资支出可能不同，所以还要通过净现值率的大小，来比较各个方案的投资财务效益。净现值率是反映各个项目净现值与现值投资支出对比关系的指标，它说明单位现值投资产生的净现值。其计算公式为：

净现值率＝净现值÷全部原始投资的现值×100%

净现值率是一个相对投资财务效益指标，净现值率越大，说明方案的投资财务效益越好。

净现值法的优点是考虑了项目整个寿命期的收益和资金的时间价值。它的缺点是难以确定折现率。同时，净现值仅说明设定折现率折算的资金流量，反映不出项目确切的收益率。

2. 内含报酬率法

内含报酬率法是根据方案本身内含报酬率来评价投资优劣的一种方法。所谓内含报酬率，是指能够使未来现金流入现值等于未来现金流出现值的贴现率，或者说是使投资方案净现值为零的贴现率。内含报酬率大于资金成本率则方案可行，且内含报酬率越高方案越优。

净现值法虽然考虑了时间价值，可以说明投资高于或低于某一特定的投资报酬率，但没有揭示投资本身可以达到的具体的报酬率是多少。内含报酬率是根据投资的现金流量计算的，是方案本身的投资报酬率。

内含报酬率的计算，通常需要使用“逐步测试法”。首先估计一个贴现率，用它来计算方案的净现值。如果净现值为正数，说明方案本身的报酬率超过估计的贴现率，应提高贴现率后进一步测试；如果净现值为负数，说明方案本身的报酬率低于估计的贴现率，应降低贴现率后进一步测试。经过多次测试，寻找出使净现值接近于零的贴现率，即为方案本身的内含报酬率。

3. 投资回收期法

投资回收期是指投资引起的现金流入累计到与投资额相等所需要的时间，通常以年为计算单位。它代表收回投资所需要的年限，即多少年可收回投资。

回收期法是一种依据投资回收期来判断该项目是否可行的方法。采用投资回收期法进行投资决策时，一般是将投资方案的投资回收期与投资者的期望投资回收期进行比较。如果方案的投资回收期小于期望回收期，则投资方案可支持；否则，则不予支持。如果同时存在两个以上可接受的投资方案，则再比较各投资回收期，短者为接受方案。

第五节　控制理财风险

小故事

巴菲特的稳健投资

在巴菲特的投资名言中，最著名的无疑是这一条："成功的秘诀有三条：第一，尽量避免风险，保住本金；第二，尽量避免风险，保住本金；第三，坚决牢记第一、第二条。"为了保证资金安全，巴菲特总是在市场最亢奋、投资人最贪婪的时刻保持清醒的头脑而急流勇退。

1968 年 5 月，当美国股市一片狂热的时候，巴菲特却认为已再也找不到有投资价值的股票了，他由此卖出了几乎所有的股票并解散了公司。结果在 1969 年 6 月，股市大跌渐渐演变成了股灾，到 1970 年 5 月，每种股票都比上年年初下降了 50% 甚至更多。

巴菲特的稳健投资、绝不干"没有把握的事情"的策略使巴菲特逃避了一次次股灾，也使得机会来临时资本迅速增值。但很多投资者却在不清楚风险或自己没有足够的风险控制能力下就贸然投资，又或者由于过于贪婪而失去了风险控制意识。在做任何投资之前，我们都应把风险因素放在第一位，并考虑一旦出现风险时我们的承受能力有多强，如此才能立于不败之地。

一、什么是风险

风险，对理财而言，是指由于多种因素的作用使个人无法实现预期的理财效果，从而产生经济损失的可能性。换句话说，是在某一个特定时间段里，人们所期望达到的理财目标与实际出现的结果之间产生的距离称之为风险。

理财风险存在于理财的各个环节中，是难以避免的，会对理财的效果产生重大影响。因此，关键是了解风险的起因，加强风险的防范和控制，从而提高理财效益，使自身处于不败之地。

1. 风险的特征

在理财过程中，只有充分了解财务风险的基本特征和产生原因，才能采取针对性措施防范和化解。归纳起来，财务风险主要具有以下特征：

（1）风险具有客观性

无论人们是否觉察到风险的存在，或是否了解风险发生的内在机制，风险都是客观存在的，它不以人们的意志为转移。也就是说，风险处处存在，时时存在，人们无法回避它、消除它，只能通过各种技术手段来应对它，从而避免费用、损失的发生。

理财活动存在两种可能结果，即实现预期目标和无法实现预期目标，这就意味着无法实现预期目标的风险是客观存在的。

（2）风险具有普遍性

风险无处不在，存在于理财的方方面面，存在于某一事件或过程的多个环节中。

（3）收益性或损失性

风险与收益是成正比的，即风险越大收益越高，风险越小收益越低。理财风险的存在促使个人必须提高理财水平，提高资金利用效率。因而可以说，收益性与损失性是共存的。

（4）风险具有可测性

个别风险事件的发生是偶然的。然而，人们通过大量的观察可以发现，风险事件的发生往往呈现出明显的规律性。这样，风险就可以被预测或测定。

（5）风险具有可变性

风险具有一定的可变性，即如果导致风险发生的外部条件发生变化，出现损失的几率就会发生变化。比如，如果加强理财知识学习，积极磨炼理财操作技能，就可以降低理财的风险。但是，由于导致风险发生的内因无法消除，所以不可能根除风险发生的可能性。这就意味着个人投资理财具有不确定性，时时都有蒙受损失的可能性。

2. 风险的分类

理财风险在不同的环境和阶段有着不同的表现形式与类别，按照不同的标准可以将风险分为以下几种：

按财务活动的主要环节分为贷款风险、投资风险、外借款回收风险和消费分配风险。

按其可控程度分为可控风险与不可控风险。

按能否通过多元化的方式分散分为不可分散风险和可分散风险。

按风险可能产生的结果分为静态风险和动态风险。

按风险涉及的层次和范围分为微观风险和宏观风险。

3. 风险的要素

一种风险可能由一个或多个原因引起。如果风险发生了，可能产生一个或多个后果。所以，风险是由风险因素、风险事件和风险后果三个要素组成。

（1）风险因素

风险因素是指理财中或理财环境中存在的一些确定的事件或情况，它们会产生不确定性，是风险事件发生的潜在原因。风险因素本身具有确定性，它们不应该通过风险管理过程进行管理。

具体而言，理财的相关风险因素有如下几类：

①市场风险。比如，通货膨胀，经济景气情况变化，行业或产业的行情变化，国际经济情况变化，等等，都会带来一定的理财风险。这是最常见也是应当最先考虑防范的风险。

②道德风险。道德风险因素是指与人的品德有关的无形因素，是指由于个人不诚实、不正直或怀有不轨企图促使风险事件发生，以致财富损失的原因和条件。比如，本来打算合伙投资餐饮店，但由于合伙人卷款逃跑而导致损失，这就是道德风险因素。

③政策性风险。政府方针政策的改变，新的法规条例出台，主管部门及其监管者监管力度的变化，以及政府法规滞后或者执法偏离，等等，都会带来一定的理财风险。

④不可预测性风险。所谓不可预测性风险，是指重大自然灾害、战争、政变、突发事件等引发的风险。

⑤自身因素造成的风险。自身能力不足导致的理财技巧和策略不当，理财时间难以保证，理财信息不准确，或者不注意、不关心、存在侥幸等心理因素，都会引起理财风险。比如，购买股票发生错误，不及时止损，反而心存侥幸，希望股票明天就可以反弹，结果股价越跌越深，导致被严重套牢，这就是心理风险因素。

（2）风险事件

风险事件即风险，是指能够对理财目标产生负面（威胁）或正面（机会）影响的不确定性。风险事件使风险的可能性转化为现实，即风险发生。风险事件是造成损失的外在原因和直接原因，因此应该通过风险管理过程积极地进行管理。

某一事件，在一定的条件下可能是造成损失的直接原因，则它成为风险事件。而在其他条件下，某一事件可能是造成损失的间接原因，则它便成为风险因素。比如，如果你投资某家公司的股票，该公司因为汇率的变化而产生负面的影响，进而导致股价下跌，那么汇率变化就是风险因素；而如果你直接投资外汇，因为汇率的变化而产生损失，那么汇率变化就是风险事件。

（3）风险后果

风险后果是指对理财目标的非预期变动，这种变动可能是正面的也可能是负面的，它是由于风险事件发生而引起的。后果是偶然事件，是非预期的潜在的未来变动，如果风险不发生，后果就不会发生。由于后果尚未存在，而且它们确实可能永远也不会存在，因此它们不能够通过风险管理过程进行管理。

【案例】

某人虽然对股票操作一知半解，但在牛市行情的引诱下，还是忍不住投身股海。他自有资金300000元，还为此借款200000元，借款利率是半年10%，准备在半年内从股市中赚取500000元。然而，他没有发现市场价格已经大大偏离其价值。就在他入市后仅1个月，股市由于过度炒作而产生的泡沫终于破裂，大盘急转直下，走出了长达半年的熊市行情。结果，他不但没能从股市中赚取500000元，反而向股市缴纳了100000元的学费，再加上偿还借债的利息，他共损失120000元。

让我们分析一下：

股市、对股票操作一知半解、借款炒股等属于风险的因素；

市场价格已经大大偏离其价值就是风险事件，偏离越大，市场潜伏的风险必然越大；

120000元就是本次风险事件所导致的风险后果（亏损）。

原本打算赚取500000元的目的与亏损120000的结果之间产生了巨大的距离。

在理财之中，这种风险事件经常给个人财务状况带来沉重的打击。

总之，风险因素的增加会导致风险事件发生的可能性增加；而风险事件的发生可能导致风险后果的出现。这就是风险要素之间的辩证关系。

二、风险管理

风险管理是指面临风险者进行风险识别、风险评估和风险控制，以减少风险负面影响的决策及行动过程。

风险管理的总原则：以最小的成本获得最大的保障。

1. 风险识别

要进行风险管理，就必须能够准确地辨别何为真正的风险。但是，很多人容易把不是风险的事物误认为是风险。如果风险识别失败，那么接下来的步骤就注定要失败，风险管理也就不可能产生效果。因此，确保风险识别这一步骤能够识别出真正的风险至关重要。

（1）辨别风险与不确定性

在进行识别风险时，最常见的错误是把风险（risk）和不确定性（uncertainty）混淆。事实上，风险与不确定性并不相同。那么它们之间的联系何在呢？

一个较专业的定义是：风险是“能够影响一个或多个目标的不确定性”。根据这个定义，我们认识到有些不确定性与目标并不相关，它们应该被排除在风险管理过程之外。

比如，如果我们打算在北京开一家餐饮店，那么广州是否会有台风这个不确定性就是不相关的——谁会关心它呢？但是，如果我们的餐饮店的地点在广州，那么广州刮台风的概率就不再仅仅是一个不确定性了——它起作用了，因为如果刮台风菜价就会上涨，影响经营成本。在前一种情况下，刮台风仅仅是一个不相关的不确定性；而在后一种情况下，刮台风就是一个风险。

正是因为风险和目标联系在一起，所以理财过程中就时时处处有风险了，因为理财肯定是有目标的。一旦确定了目标，在成功达到目标的过程中，就会有风险随之而来。

从风险的概念“能够影响目标的不确定性”来看，我们可以提出另外一个问题——会产生什么样的影响？有些不确定性的发生会让我们达成目标更加困难（即威胁），而有些不确定性事件的发生则会帮助我们达到目标（即机会）。当我们进行风险识别时，不仅要看到不确定性的负面影响，也需要看到不确定性的正面影响。

有效的风险管理要求识别出真正的风险，即“能够对一个或多个目标产生正面或负面影响的不确定性”。把风险和目标相联系，就可以确保风险识别过程关注于那些起作用的不确定性，而不会被不相关的不确定性分散精力。

（2）辨别风险和风险因素、风险后果

上文已经了解了风险因素、风险事件和风险后果的含义，由此可知风险因素和风险后果并非风险。所以，在识别风险的过程中，就必须把风险因素和风险后果剔除出去，才能使真正的风险清晰起来。如果没有这个约束条件，风险识别过程就可能产生既包含风险又包含非风险的混合列表，从而使得风险管理过程的后续步骤出现混淆和偏离。

那么，我们怎样将风险和风险因素、风险后果区分开呢？

有一个简单的方法，使用风险元语言（一种包含必要元素的正式描述）提供一个由三个部分组成的“风险陈述”，即“作为确定的原因引起的结果，不确定性事件可能发生，而不确定性事件又会导致对目标产生的后果”。

例如，“由于我从来没有进行过股票交易，而且也没有学习过股票操作相关知识，所以如果我选择投资股市很可能会发生亏损，这会导致我年投资收益20%的目标落空。”这句话中，“由于我从来没有进行过股票交易，而且也没有学习过股票操作相关知识”是事实，即风险因素；“我选择投资股市很可能会发生亏损”是不确定事件，即风险；“这会导致我年投资收益 20%的目标落空”是风险后果。

再举一例，“我的月收入是 8000 元，而分期付款购买这栋房子的月供需要 6000 元，那么每月还款额就会超过 30%的还款警戒线，从而让我的财务状况陷入危机。”“我的月收入是 8000 元，而分期付款购买这栋房子的月供需要 6000 元”是事实，“那么每月还款额就会超过 30%的还款警戒线”是风险，“从而让我的财务状况陷入危机”是后果。

2. 风险评估

在识别了真正的风险之后，就应该对这些风险进行评估。

所谓风险评估，就是考虑潜在风险对理财目标实现的影响程度。一般而言，从两个角度来评估事件：一是潜在影响的大小；二是风险出现的概率。下面给出一个简单的风险评估表（见表 2-6），以供参考。

表 2-6 风险评估表

	发生概率高	发生概率低
损失大	不可承受	不可承受
损失小	可以承受	不重要

具体评估风险时，有定性和定量两种分析技术。

当风险无法定量，或者定量分析的数据可靠性太弱，或者数据采集成本大于收益时，一般会使用定性分析方法对风险进行评估。对风险进行定性分析时，由于每个人的风险偏好不同，风险承担能力不同，所以对同一事件的评估结果可能不同。如果你是单身，那么这没有关系；如果处于家庭中，可以通过家庭聚会讨论的方式来加以解决，这样可以获取家庭成员对未来事件发生的可能性与影响程度的认识与估计，从而有利于达成统一的认识。

定量分析更为精确，适用于较为复杂的情况，是对定性分析的补充。定量分析耗时费力，也更为严格，有时需要使用复杂的数学模型。定量分析技术是否适用取决于数据和假设的质量。一般而言，自我风险评估较少使用定量分析。

另外，如果事件之间互不相关，则可单独进行风险评估。但实际理财过程中，事件之间往往相互关联，某一事件的发生可能会触发另一事件。就风险评估来说，某一单独事件的风险可能不大，但各个关联事件发生后的总体影响或后果可能重大。

3. 风险监测

风险监测是指追踪已识别风险、识别新风险的过程。随时监测理财风险的波动，是防范和及时化解财务危机的前提。

继续以上述【案例】为例，“市场价格已经大大偏离其价值”就是风险事件，那么风险监测就是追踪这个风险事件。一旦这个风险事件发生，那么就应该根据风险计划进行风险控制。如此来看，“某人”如果进行过风险识别、风险评估和风险监测，就根本不会在股市将倾之际入场，也就是有效地控制了风险。

4. 风险控制

（1）回避风险

回避风险是指在选择理财方案时，应综合评价各种方案可能产生的财务风险，在保证理财目标实现的前提下，选择风险较小的方案，以达到回避财务风险的目的。虽然回避风险能从根本上消除隐患，但这种方法明显具有很大的局限性，因为并不是所有的风险都可以回避或应该进行回避。比如，通货膨胀，无论你做些什么，这类风险总是无法彻底消除。再比如，如果害怕理财风险就拒绝理财，那么虽然理财风险可以完全避免，但相应引起的财务风险一样会存在，且相比理财风险有过之而无不及。

所以，回避风险适用于对付那些发生概率高且损失程度大的风险。比如，投资期货风险非常高，稍有不慎就有破产的可能，所以如果不是非常擅长期货投资，就不要为投资期货的暴利所吸引。

（2）预防风险

预防风险是指采取预防措施，以减少损失发生的可能性及损失程度，如购买保险就是典型的例子。预防风险涉及一个现时成本与潜在损失比较的问题：若潜在损失远大于采取预防措施所支出的成本，就应采用预防风险手段。以购买保险为例，虽然保费支出看似打水漂，但考虑到如果意外发生将造成巨大的伤害，那购买保险就极为必要了。

（3）分散风险

有句俗语："不要把鸡蛋都放在一个篮子里。"我们可以将其解读为分散风险。

构建理财组合，是分散理财风险的好办法，如"四三二一法则"。对于"四三二一法则"，有很多不同的解释：有人认为，一个人收入的40%应该用于供房和其他投资，30%用于家庭的一般性生活开支，20%用于银行存款以应付急时之需，10%购买保险；有人认为，一个人收入的40%应该用于生活费，30%用于硬性定期储蓄，20%的用于活期储蓄，10%用于购买保险。其实，真正应该如何安排一个人的收入，必须结合每个人的实际情况才能决定。但不管这些理财的方式如何不同，理念都是相同的，即通过合理的财产组合分散风险。

（4）转移风险

转移风险是指通过某些手段将部分或全部风险转移给他人承担。采用转移风险的方式将财务风险部分或全部转移给他人承担，可以大大降低个人的财务风险，是应用范围广泛、简单有效的风险管理手段。

转移风险包括保险转移和非保险转移两种形式：

①保险转移是指通过购买财产保险的方式将财产损失的风险转移给保险公司承担。

②非保险转移是指将风险转移给其他人或者机构。比如，如果你打算投资

餐饮店，那么可以采用联营投资方式，将投资风险部分转移给参与投资的其他人。再比如，购买基金，将资金交给经验丰富的专业基金公司去打理，从而将风险部分转移给机构。

（5）降低风险

降低风险是指在面对客观存在的理财风险时，努力采取措施降低风险。比如，通过控制首付款和贷款期限来降低利息负担，降低未来可能加息所带来的风险。再比如，购买保险也是降低风险的好方法。

第二部分

投资理财

——观念篇

第三章
要理财，理念先行

“……赚第二个 1000 万要比第一个 100 万简单、容易得多……”

——李嘉诚

第一节　最好的投资理财理念

小故事

钱不只是赚出来

小王和小刘年龄相仿，于同一年加入公司，工资水平最初几年相差无几。

五年后，小王一次性付款购买了一套价值 45 万元的楼房，并于同年结婚。又过一年，小刘结婚，但暂时租房居住。再过两年才首付 10 万元，分期 20 年购买了一套和小王的房子面积差不多的楼房，但价格则要 60 万元。

后来，小王离开公司，自己创办了一家公司。生意虽然并不是特别景气，但小王的生活条件大有改善，原来的房子卖了，换了栋别墅，买上了车，儿子也顺利出国留学。而小刘也换了工作，成了一家公司的部门总裁，工资有了很大的提高，但由于换了个更大的房子，买了一辆豪华车，生活仍然显得紧张。

再后来，小王变成老王，他在 45 岁的时候提前退休，由于他的公司已经步入正轨，坐在家里就有收入进账。而小刘也变成老刘，他辛苦到 60 岁方才退休，退休之后的生活主要依赖退休金和子女的补贴。

家庭财富积累有两个途径：一是持续不断地赚钱，二是坚定不移地理财。两者相辅相成不可或缺。如果你没有理财的理念，就像一条腿走路，怎么可能快速有效地积累财富呢?

在一生之中，每个人都应该享有经济上的保障和富足，都应该尽早获得财务自由。要想达到这个目标，理财的理念和技能就显得至关重要。无论你现在的财务状况多么糟糕，如果你真想做的话，你就能扭转这种状况。是的，财富是无法复制的，但关于获得财富的知识是可以学习的，而理念也许就是其中最重要的。

一、最好的理财理念

什么样的理财理念才是最好的呢?

是巴菲特的价值投资法吗，集中优势兵力于自己选中的少数几只股票，还是遵循一般的投资学中所强调的投资多元化来分散风险?抑或学习索罗斯，对于风险迎面而上，通过快速的对冲来获取和高风险对应的高报酬?

其实，理念没有最好，只有最适合。只有根据个人的特点，包括家庭背景、学历专业、从事行业、熟悉行业和财务背景等，甚至包括闲暇时间，选择最适合自己的理财方式，才能做到轻松理财和适当理财，以最快的速度走上自己的财富之路。

理财能否成功，最重要的还是要找到最适合自己的理财方式，并以最合适的理财理念来指导自己。如果你有丰富的财务知识和财务工作实践，闲暇时间也足够充分，不妨学习巴菲特的价值投资理念，重点研究自己熟悉的股票领域，选择几只价格低于价值的股票，全力买入，长期持有，并且跟踪关注，在应该卖出的时候果断出手；如果你对期货市场特别熟悉，也是风险爱好者，喜欢价格猛上猛下的刺激，那你可以选择通过期货市场来让你的财富迅速增值；而如果你工作很忙，财务知识也非常有限，那就可以选择购买基金，将你的资金委托给基金经理来实现增值。

总之，最好的理财理念，一定是最适合你的，一定是轻松和愉快的，所有让你焦头烂额的理财理念都是应该远离的。

二、十大理财理念

这里搜集整理了一些流行的理财理念，希望对大家能够有所启发。

1. 要成为有钱人就必须先有钱

赚钱之道，上策是靠钱生钱，中策是靠知识赚钱，下策是靠体力赚钱。

钱是永远不知道疲倦的，关键在于你是否能驾驭它。很多人都知道“以钱滚钱，利上加利”，却没有多少人能体会它的威力。别以为“钱生钱”需要高超的投资技巧和眼光，更别以为所有有钱人都很会这一套，因为就算最不会理财的富翁，财富累积的速度也远远超过穷人的想象。

比如，一个拥有100万元存款的小富翁，只要把钱以年息4% 放定存，一年光是利息收入就有4万元；而月薪3000元的小上班族，就算不吃不喝辛勤工作一整年，也存不足这个金额。这种只会把钱存在银行是最不会赚钱的富翁。倘若和巴菲特一样，把钱用来投资年平均报酬率为30%的股票，几乎每隔3年资金就会增加1倍。

因此，“要成为有钱人就必须先有钱”听起来好像有些矛盾，却指出了一个最难以让人接受的事实：假如你对增加收入束手无策，假如你明知道收入有限却任由支出增加，假如你不从收入与支出之间挤出储蓄，并且持续拉大收入与支出的距离，那么你成为富翁的机会就微乎其微。

2. 高收入不一定会成为富翁，真富翁却会低支出

美国研究者托马斯·史丹利（Thomas Stanley）和威廉姆·丹寇（William Dank）曾经针对美国身价超过百万美元的富翁作了一项有趣的调查。他们发现：“高收入”的人不必然会成为富翁，真正的富翁通常是那些“低支出”的人。这些被史丹利和丹寇调查的富翁们很少换屋，很少买新车，很少乱花钱，很少乱买股票，他们致富的最重要原因就是“长时间内的收入大于支出”。

在美国另外一项对富翁生活方式的调查中，我们发现，他们中：

大多数人时常请人给鞋换底或修鞋，而不是扔掉旧的。

近一半的人时常请人修理家具，给沙发换垫子或给家具上光，而不是买新的。

近一半的人会到仓储式的商场去购买散装的家庭用品。

大多数人到超市去之前都有一个购物清单。这样做不仅会省钱，可以避免冲动购物，而且，如果有清单，他们在商店购物的时间就会减少到最低限度。他们宁愿节约时间用于工作或与家人在一起，也不愿意在超市胡乱地走来走去。

……

这个结论看来再简单不过，却是分隔富人和穷人最重要的界限。任何人违背这条铁律，就算收入再高、财富再傲人，也迟早会被摔出富人的国界。任由门下三千食客坐吃山空的孟尝君、胡乱投资的马克·吐温，当然还有无数曾经名利双收却挥霍无度滥赌乱投资的知名艺人，都是一再违背“收入必须高于支出”的铁律之后，千金散尽。更妙的是：一旦顺应了这条铁律，散尽家财的富人也可东山再起。

19世纪著名的英国文学家王尔德曾说过：唯一的必需品就是非必需品。在削减开支和努力提高现有生活水准之间，现代人多数会选择后者。他们永远都想要更好的车、更大的房子、更高的薪水。而一旦得偿所愿，他们很快就又变得不满足。学术界将之称为“享乐适应（hedonic adaptation）”或是“快乐水车”。当升职或是新房新车带给我们的兴奋逐渐消退时，我们又会开始去追求别的东西，如此周而复始。

3. 把鸡蛋放在一个篮子里

“把你的财产看成是一筐子鸡蛋，把它们放在不同的地方：万一你不小心碎掉其中一篮，你至少不会全部损失。”这是经典的鸡蛋篮子论述，但事实真的如此吗？

（1）正方——马克维茨派

资产分配是一个关键性的投资概念，意指：把你的财产看成是一筐子鸡蛋，然后决定把它们放在不同的地方，一个篮子，另一个篮子……万一不小心摔碎其中一篮，你至少不会全部损失。

这个投资界最著名的比喻来源于1990年诺贝尔经济学奖的获得者马克维茨。

马克维茨派认为：关注单个投资远远不及监控投资组合的总体回报来得重要。不同的资产类别，例如，股票和债券，两者之间可能只有很低的相关性。换句话说，就是它们的表现彼此关联不大。如果你有很多项投资，你就会看到它们的表现一年和一年差别大。比如，有的年头股票表现不佳，债券表现出色，而有时则恰好相反。

鸡蛋必须放在不同篮子的主要目的是，使你的投资分布在彼此相关性低的资产类别上，以减少总体收益所面临的风险。这句话也许有些晦涩。举例而言，假设在2005—2007年，把1000美元投资在一个多样化的投资组合上得到了正收益；但如果这1000美元完全投资在股票上，则很可能带来负收益。

更重要的是，多样化投资组合的波动性更小。也就是说，在整段时间内，多样化投资组合的价值不像单一投资组合的价值变动那么大。如果你把全部家当都押在一项资产（如一栋房产或是某家公司的股票）上，那么你就会在市场波动面前变得无比脆弱。

（2）反方——巴菲特、索罗斯派

投资大师会首先从赚钱的角度考虑：如果你错过这个机会，你将少赚多少钱？

实际上，除了在面临系统性风险时难以规避资产缩水，分散投资的另一个不足在于，这种投资策略在一定程度上降低了资产组合的利润提升能力。

举个简单的例子。同样为10元的初始资金，股票价格均为每股1元，组合A由10只股票组成，每样股票买1股；组合B由5只股票组成，每样股票买2股。假设这些股票中，组合B的5只股票，组合A也都购买了。其后这5只股票价格翻番，而其他的价格没有变化，则组合A、组合B的收益率分别为50%和100%。很显然，由于组合A投资过于分散，那些没有上涨的股票，拉低了整个投资组合的收益水平。

斯坦利·德鲁肯米勒是接替索罗斯的量子基金管理人。有一次，斯坦利以德国马克做空美元，当这笔投资出现赢利时，索罗斯问："你的头寸有多少？"

"10亿美元。"斯坦利回答。

"这也能称得上头寸？"索罗斯说，"当你对一笔交易有信心时，你必须全力出击。持有大头寸需要勇气，或者说用巨额杠杆挖掘利润需要勇气，但是如果你对某件事情判断正确，你拥有多少都不算多。"

还有一个更加可靠的理由支持：如果你的钱并不多，分散它有意义吗？

（3）总结

鸡蛋和几个篮子，都谈不上问题的关键。这个比喻只是告诉你：如果你只是希望冒最小的风险拿到最大的收益，那么多放几个篮子吧——这种方法适合稳健的你！但如果你敢于承担风险且有能力承担风险，另外对这个大机会绝对自信，试图冒此风险获取大很多的收益，那碎鸡蛋也不会让你难受。

4. 赚大钱的唯一途径就是少冒险

规避风险是积累财富的基础。如果你为赢利而冒极大的风险，你更有可能以大损失而不是大赢利收场。正如21世纪最出色的两位投资家所言，乔治·索罗斯认为在金融市场上生存有时候意味着及时撤退；沃伦·巴菲特则断言，如果证券的价格只是真正价格的一个零头，那购买它们毫无风险。

事实上，在"少冒风险"上我们的确做得不错，否则银行里就不会有那么多的存款了。正是因为"避免赔钱"深入人心，所以大多数都将资金安全放在第一位，面对投资时都表现出一种消极的态度，即"我最好什么也不做，因为我有可能赔钱"。

但如果什么都不做，你又如何赚到大钱呢？何况，什么也不做同样有风险，比如通胀。

现在，我们进入了一个理论的怪圈。常识教我们：一分风险一分回报。利润和损失是相关的，就像一枚硬币的两面：要想得到赚1000元的机会，你就必须承受失去1000元的风险。但是，每个人都想既赚大钱又少冒险。

那么，到底该怎么做呢?

简单而言，就是认识风险！风险是什么？通俗点讲，有风险是因为你不知道你在做什么。

1992年，当索罗斯用100亿美元的杠杆做空英镑时，他是在冒险吗？对我们来说，他是在冒险。我们容易根据自己的尺度来判断他的风险水平，或者认为他的风险是绝对的。但索罗斯知道他在做什么。他相信风险水平是完全可管理的，他已经算出，即便亏损，损失也不会超过4%，“因为其中的风险真的非常小”。

5. 只按自己的方式做投资

罗杰斯从来都不重视华尔街的证券分析家。他认为，这些人随大溜，而事实上没有人能靠随大溜而发财。“我可以保证，市场的大多数操作是错的。必须独立思考，必须抛开羊群心理。”

投资之初，该听谁的，不听谁的？这是个问题。

罗杰斯曾经说过：“我总是发现自己埋头苦读很有用处。我发现，如果我只按照自己所理解的行事，既容易又有利可图，而不是要别人告诉我该怎么做。”

100个人有100种投资理念，如果每个投资分析师的话都可能对你产生影响的话，最好的方法就是谁说的也别信，靠自己作决断。

按自己的方式投资的好处就是，你不必承担别人的不确定性风险，也不用为不多的赢利支付不值那么多的咨询费用。而且，你的分析师如果确信无疑的话，他会自己操作去赚那笔钱，而不是建议你买入。

投资都会经历三种境界：第一种境界叫做道听途说。每个人都希望听别人的建议或内幕消息，道听途说的决策结果是赔了又舍不得卖，就会去研究，很自然的就会去看图，于是进入了第二种境界，叫做看图识字。看图识字的时候经常会恍然大悟，于是进入第三种境界就是相信自己。在投资决策的过程中，相信别人永远是半信半疑，相信自己却可以坚信不疑。

6. 如果你是个有责任的人，请买保险

有一个调查显示，说起理财，八成白领都不会选择保险，他们都认为保险的回报率太低。其实，他们是误解了保险的作用。风险投资、股票投资也许体现的是钱生钱，而保险则反映了钱省钱。买保险才是有责任感的体现。

这个责任感源自一个假设：如果你不幸罹难，你的亲属怎么办？你是否为

他（她）们准备好了足够的退路？所以，购买寿险的主要原因是保护你和依赖你的人。万一有不幸的事情发生，而你再没有能力或机会保护他们的时候，保险公司可能会站出来扮演你在财务上的角色，至少能为陷入经济困境的家人减少痛苦。

而同样的逻辑也为你解决了另外一个问题：是否该为孩子购买保险？显然在这些脆弱的小生命肩上尚未烙下“责任”的痕迹，相反，他们时时刻刻依赖着你，所以你需要给自己买份保险的理由远远超过给孩子。

越来越多的人认同了保险的作用，保险体现着爱，体现着责任。钱生钱固然重要，钱省钱也很关键，保险就是让你花较少的钱来获得较大的保障。至于要购买多少保险，没有标准的答案，但如果追根溯源，你承担的责任多大，保额就该多大。

7. 通胀、税收和成本是投资者的三大敌人

把钱投入到一个充满变数的市场之前，有没有考虑这样的问题：风险在哪里？赚钱的障碍是什么？

实际上，如果将通胀、税收和各种成本因素都考虑进来，你会发现自己有些投资组合根本就不赚钱。

比如，在美国购买一个投资债券的共同基金，收益率为5%，如果基金的年费是1%，你的收益率就会降到4%；如果你适用的所得税率为25%，政府还要从这些收益中提走1/4，这样收益率就降到了3%；要是通货膨胀率恰好又是3%呢？可以这么说，至少税务机关和你的基金经理是赚钱的。

当你卖出一种投资，而买进另一种投资时，你的回报率不一定就会因此提高。但是，改变却一定会带来成本。当然，如果你在一个退休账户中买进和卖出免佣金的共同基金，那就另当别论了。而其他多数交易可能都会涉及佣金或是税金，甚至有可能两者都涉及。因此，在你下一次进行交易前，一定要仔细认真地考虑考虑。

8. 理财尽早开始

年轻人的眼里，养老似乎是件遥远的事。但年轻时必须清醒地认识到，未来的养老金收入将远不能满足我们的生活所需。退休后如果要维持目前的生活水平，在基本的社会保障之外，还需要自己筹备一大笔资金，而这需要我们从年轻时就要尽早开始进行个人的财务规划。

退休规划是贯穿一生的规划，为了使老年生活安逸富足，应该让筹备养老金的计划尽早进行。社保养老、企业年金制度以及个人自愿储蓄，是退休理财的金三角。

筹备养老金就好比攀登山峰，同样一笔养老费用，如果 25 岁就开始准备，好比轻装上阵，不觉得有负担，一路轻松愉快地直上顶峰；要是 40 岁才开始，可能就蛮吃力，犹如背负背包，气喘吁吁才能登上顶峰；若是到 50 岁才想到准备的话，就好像扛着沉重负担去攀登悬崖一样，非常辛苦，甚至力不从心。同样是存养老金，差距咋这么大呢？奥妙在于越早准备越轻松。

养老看似很遥远的事，但是影响着我们每一个人。有调查表明，中国的在职者在 37 岁就开始面临养老问题，比已退休的老一辈提前了 10 年。养老规划越早做，越划算。例如：你每个月都多存 100 元钱，如果 24 岁时就开始投资，并且可以拿到 10%的利润，34 岁时，你就有了 2 万元。当你 65 岁时，这个小小的投资就变成了 61.6 万元了。

9. 钱装进口袋不如装进脑袋

有个名人曾说过：“对于自身的投资是最大的投资 。”

和一般性商业投资的最大不同之处，自我投资绝对有收益，而且时间越久，获益越多。更重要的一点是，自我投资绝对不会血本无归，更没有谁能分享甚至抢走这属于你的获益。

自我投资的另一大好处是，任何时候开始都不嫌迟。只要你愿意，今天的投入，必然是明天的收获。

自身投资分两个方面：硬件方面和软件方面。

（1）硬件方面

硬件方面就是要做好身体素质的锻炼，也就是健身理财，这一点已经得到越来越多人的认可。

身体是赚钱的本钱，健康是我们最大的财富，因此锻炼身体在年轻的时候就要进行。近些年来，虽然人们的收入在不断地增加，但还赶不上看病住院的花费涨得快。当前人们健康观念逐步转变，全民健身越来越热，家庭用于外出旅游、购买健身器械、合理膳食、接受健康培训等方面的投资呈上升之势。因为大家都明白，这些前期的健康投资增强了体质，减少了生病住院的可能性，实际上也是一种科学理财。

（2）软件方面

软件方面就是要拓宽知识面，不断学习，提升自己。知识就是财富，此言不假！年轻时把钱装进口袋不如装进脑袋。积累财富的途径之一就是提升自我价值，为知识进行的投资是很有价值的，我们要看长远的收益而不是一时的付出。

10. 适当的负债有益，但要避免高成本的负债

话说一个中国老太太和一个美国老太太偶然相遇，谈起了自己的一生。

美国老太太说："我辛苦了30年，终于把住房贷款都还清了。"

中国老太太说："我辛苦了30年，终于攒够了买房的钱。"

前些年，就是这个"美国老太太和中国老太太的对话"曾经改变了很多人的理财观念。于是，中国人也学会了"贷款"和"按揭"，学会了"花明天的钱圆今天的梦"。殊不知，盲目学习这种提前消费的理财理念，而没有考虑国情差异，导致了很多人陷入债务的困境之中，甚至有些人因债务所累还引发了家庭矛盾。

知错就改！近两年，拒绝负债又成为提前消费的一种派生理念。于是，很多人开始省衣节食，匆忙提前还贷。负债确实没了，但也没有余钱进行投资了，甚至生活质量都有所下降。

其实，没有负债不是什么值得炫耀的，反而证明你的理财观念有些过时。为什么不想想，负债和投资其实是伙伴呢？

当然，如果你的财务状况比较紧张，或者负债过日子心理负担大，又或者借款不知道能干什么，那么不贷款是个好选择，或者选择所能承受的小额贷款。

反之，应该适度负债，释放一部分现金，利用投资的回报率抵消负债的利息。这样，负债就不再是一种负担，反而是"借鸡生蛋"的最好诠释。

适当的负债有益，不但充分利用了其资金的杠杆效应，使资金得到了较好的增值机会，同时自己也享受了舒适的生活。但是作投资决策时，要注意一点，当投资收益率高于贷款利息率时，负债是利用别人的钱赚钱，否则很容易进入"负翁"而非富翁一族。

第二节　大师们的投资理财智慧

一、彼得·林奇

彼得·林奇出生于1944年，1968年毕业于宾州大学沃顿商学院，取得MBA学位；1969年进入富达管理公司的研究公司成为研究员；1977年成为麦哲伦基金的基金经理人。在1977—1990年彼得·林奇担任麦哲伦基金经理人职务的13年间，该基金的管理资产由2000万美元增长至140亿美元，基金投资人超过100万人，成为富达的旗舰基金，并且是当时全球资产管理金额最大的基金，其投资绩效也名列第一。

《时代》周刊称彼得·林奇为“第一理财家”，《幸福》杂志则赞誉他为“股票投资领域的最成功者……一位超级投资巨星”。

彼得·林奇在投资理念上的独到的见解，也许能给投资理财者一些启发。

1. 不要相信各种理论。多少世纪以前，人们听到公鸡叫后太阳升起，于是认为太阳之所以升起是由于公鸡打鸣。今天，鸡叫如故，但是每天解释股市上涨的原因及对华尔街产生影响的新论点，却总让人困惑不已。比如，某一会议赢得大酒杯奖啦，日本人不高兴啦，某种趋势线被阻断啦，“每当我听到此类理论，我总是想起那打鸣的公鸡”。

2. 不要相信专家意见。专家们不能预测到任何东西。虽然利率和股市之间确实存在着微妙的相互联系，我却不信谁能用金融规律来提前说明利率的变化方向。

3. 不要相信数学分析。“股票投资是一门艺术，而不是一门科学。”对于那些受到呆板的数学分析训练的人，处处都会遇到不利因素。如果可以通过数学分析来确定选择什么样的股票的话，还不如用电脑算命。选择股票的决策不是通过数学作出的，你在股市上需要的全部数学知识是你上小学四年级就学会了的。

4. 不要相信投资天赋。在股票选择方面，没有世袭的技巧。尽管许多人认为有人生来就是股票投资人，而把自己的失利归咎为悲剧性的天生缺陷。我的成长历程说明，事实并非如此。在我的摇篮上并没有吊着股票行情收录机，我长乳牙时也没有咬过股市交易记录单，这与人们所传贝利婴儿时期就会反弹足球的早慧截然相反。

5. 你的投资才能不是来源于华尔街的专家，你本身就具有这种才能。如果你运用你的才能，投资你所熟悉的公司或行业，你就能超过专家。

6. 每只股票后面都有一家公司，了解公司在干什么！你得了解你拥有的股票和你为什么拥有它。“这只股票一定要涨”的说法并不可信。

7. 拥有股票就像养孩子一样——不要养得太多而管不过来。业余选股者大约有时间跟踪 8~12 家公司，在有条件买卖股票时，同一时间的投资组合不要超过 5 家公司。

8. 当你读不懂某一公司的财务情况时，不要投资。股市最大的亏损源于投资了在资产负债方面很糟糕的公司。先看资产负债表，搞清该公司是否有偿债能力，然后再投钱冒险。

9. 避开热门行业里的热门股票。被冷落的不再增长的行业里的好公司总会是大赢家。

10. 对于小公司，最好等到它们赢利后再投资。

11. 公司经营的成功往往几个月，甚至几年都和它的股票的成功不同步。从长远看，它们百分之百相关。这种不一致才是赚钱的关键，耐心和拥有成功的公司，终将得到厚报。

12. 如果你投资 1000 美元于一只股票，你最多损失 1000 美元，而且如果你有耐心的话，你还有等到赚 10000 美元的机会。一般人可以集中投资于几个好的公司，基金管理人却不得不分散投资。股票的只数太多，你就会失去集中的优势，几只大赚的股票就足以使投资生涯有价值了。

13. 在全国的每一行业和地区，观察仔细的业余投资者都可以在职业投资者之前发现有增长前景的公司。

14. 股市下跌就像科罗拉多一月的暴风雪一样平常，如果你有准备，它并不能伤害你。下跌正是好机会，去捡那些慌忙逃离风暴的投资者丢下的廉价货。

15. 每人都有炒股赚钱的脑力，但不是每人都有这样的胆量。如果你动不动就闻风出逃，不要碰股票，也不要买股票基金。

16. 事情是担心不完的。避开周末悲观，也不要理会股评人士大胆的最新预测。卖股票是因为该公司的基本面变坏，而不是因为天要塌下来。

17. 没有人能预测利率、经济或股市未来的走向，抛开这样的预测，注意观察你已投资的公司究竟在发生什么事。

18. 你拥有优质公司的股份时，时间站在你的一边。你可以等待——即使你在前五年没买沃玛特，在下一个五年里，它仍然是很好的股票。当你买的是期权时，时间却站在了你的对面。

19. 如果你有买股票的胆量，但却没有时间也不想做家庭作业，你就投资证券互助基金好了。当然，这也要分散投资。你应该买几只不同的基金，它们的经理追求不同的投资风格：价值型、小型公司、大型公司等。投资六只相同风格的基金不叫分散投资。

20. 资本利得税惩罚的是那些频繁换基金的人。当你投资的一只或几只基金表现良好时，不要随意抛弃它们，要抓住它们不放。

如果你要更多地了解彼得·林奇的理财理念，可以阅读其著作，如《漫步华尔街》、《战胜华尔街》、《学以致富》等。

二、沃伦·巴菲特

沃伦·巴菲特是一个具有传奇色彩的人物。1956年他将100美元投入股市，40年间创造了超过200亿美元的财富，不仅在投资领域成为无人能比的美国首富，而且成为了美国股市权威的领袖，被美国著名的基金经理人彼得·林奇誉为“历史上最优秀的投资者”，使全球各地的股票投资者都热衷于巴菲特的投资方法和理念。

下面摘取了部分巴菲特的投资理念，以供参考。

1. 选股原则：超级明星企业

第一步，选择具有长期稳定性的产业；第二步，在产业中选择具有突出竞争优势的企业；第三步，在优势公司中优中选优，选择竞争优势具有长期可持续性的企业。

“我们把自己看成是企业分析师，而不是市场分析师，也不是宏观经济分析师，甚至也不是证券分析师……最终，我们的经济命运将取决于我们所拥有的企业的经济命运，无论我们的所有权是部分的还是全部的。”

“一段时间内，我会选择某一个行业，对其中6～7家的企业进行仔细研究。我不会听从任何关于这个行业的陈词滥调，我努力通过自己的独立思考来找出答案。”

巴菲特投资选择竞争优势具有长期可持续性的企业，主要是判断它的“经济特许权（Economic Franchise）”：产品或服务确有需要或需求；被顾客认定为找不到其他类似的替代品；不受价格上的管制。一家具有以上三个特点的公司，就具有对所提供的产品与服务进行主动提价的能力，从而能够赚取更高的资本报酬率。

巴菲特最喜欢做的，就是购买那些被贴上了“注定必然如此（The Inevitables）”的超级明星企业，在 25 年或 30 年后仍然能够保持其伟大地位的企业。当然，他会选择在这些明星企业因为某些问题处于较低的市价时购买。当然，首先是这种超级明星企业很难找，其次是很难等到它们有较低的市价，所以，巴菲特还会增加一些“可能性高的公司（Highly Probables）”，在适当时机对这些企业进行投资。

2. 估值原则：现金为王

巴菲特首先要对公司价值进行评估，确定自己准备买入的企业股票的价值是多少，然后跟股票市场价格进行比较。价值投资最基本的策略正是利用股市中价格与价值的背离，以低于股票内在价值相当大的折扣价格买入股票，在股价上涨后以相当于或高于价值的价格卖出，从而获取超额利润。

账面价值是一个会计概念，即由投入资本与留存收益所形成的财务投入的累计值。内在价值则是一个经济概念，是预期未来现金流量的贴现值。账面价值告诉你的是过去的历史投入，内在价值告诉你的则是未来的预计收入。

巴菲特认为唯一正确的内在价值评估模型是 1942 年 John Burr Williams 提出的现金流量贴现模型：“今天任何股票、债券或公司的价值，取决于在资产的整个剩余使用寿命期间预期能够产生的、以适当的利率贴现的现金流入和流出。”

根据会计准则计算的现金流量，在评估企业“现金流量”存在着错误的计算方法，没有减去“年平均资本性支出”。巴菲特认为，评估企业“现金流量”，在计算“报告收益”加上“非现金费用”后，还需要减去“企业为了维护其长期竞争地位和单位产量而用于厂房和设备的年平均资本性支出”，虽然它比较难以统计。正如他所说的，“我宁愿模糊的正确，也不要精确的错误”。

3. 市场原则：理性投资

对市场的看法，巴菲特非常推崇格雷厄姆的看法。这位巴菲特的老师，也正是最擅长把握市场来赢利的人。格雷厄姆认为“从短期来看，市场是一台投票机；但从长期来看，它是一台称重机”。他还提出了非常有趣的“市场先生的故事”：

“市场先生……不幸的是，这个可怜的家伙有感情脆弱的毛病。有些时候，他心情愉快，而且只看见对公司发展有利的因素。在这种心境下，他可能会报出非常高的买卖价格，因为他害怕你会盯上他的股份，抢劫他即将获得的利润。在另一些时候，他意志消沉，而且只看得见公司和整个世界前途渺茫。在这种时候，他会报出非常低的价格，因为他害怕你会将你的股份脱手给他。此外，市场先生还有一个讨人喜欢的特点，就是他从不介意无人理睬他的报价。如果今天他的报价不能引起你的兴趣，明天他再来一个新的报价。但是否交易完全按照你的选择。在这些情况下，他越狂躁或者越抑郁，你就越有利。”

格雷厄姆是这样看待市场波动的：内在价值是影响股票市场价格的两大重要因素之一，另一个因素即投机因素。价值因素与投机因素的交互作用使股票市场价格围绕股票内在价值不停波动，价值因素只能部分地影响市场价格。所以，市场价格经常偏离内在价值，股市短期内会经常波动，但长期会向内在价值回归。

巴菲特认为“市场先生是你的仆人，不是你的向导”，投资者需要正确对待“自己的愚蠢”和“市场的愚蠢”：一是认识市场的愚蠢，尽可能避免市场的巨大的情绪性影响，减少和避免行为认知偏差，保持理性。二是认识自身的能力圈，避免在能力圈外进行愚蠢的投资决策。三是利用市场的愚蠢，要远比市场先生更加了解你的公司并能够正确评估公司价值，从而利用市场的短期无效性低价买入，利用市场长期内在价值回归来赚取巨大的利润——在别人贪婪时恐惧，在别人恐惧时贪婪！

你的投资业绩将取决于你倾注于投资中的努力与智慧，以及在你的投资生涯中股票市场所展现的愚蠢程度。市场的表现越是愚蠢，善于捕捉机会的投资者胜率就越大。

提醒：投资者经常出现的认知和行为错误如下，务必随时警醒！

◆过度自信；

◆过度反应和反应不足；

◆损失厌恶，不敢在需要面对失败时勇于放弃；

◆后悔厌恶，后悔时，容易采取不理性的行为，造成更大后悔；

◆处置效应，过早卖出赢利的股票，长时间不愿卖出亏损的股票；

◆心理账户，不珍惜自己投资于股票的钱财；

◆锚定，只看着眼前而忽视长期的价格变化；

◆羊群行为，盲从大多数人的行为，缺乏独立思考；

◆代表性偏差，不明白好公司的股票价格过高，就是“坏股票”，坏的股票价格过低也可能是“好股票”；

◆保守主义，在新事物面前接受速度过慢；

◆自归因，容易将成功归于自己，将失败归于其他因素；

◆显著性思维，高估概率很小的事情发生的可能性。

4. 买价原则：安全边际

“我们强调在我们的买入价格上留有安全边际。”在买入价格上强调安全边际原则，有两个原因：一是可以大大降低因预测失误引起的投资风险；二是在预测基本正确的情况下，可以获得更大的投资回报。

应用安全边际，必须要有足够耐心，耐心等待机会的来临，这种机会来自于公司出现暂时问题或市场暂时过度低迷导致优秀公司的股票被过度低估时。如果还没有等到这个机会，那可以将资金暂时投资在其他有安全回报的债券类金融产品上面。“安全边际”是对投资者自身能力的有限性、股票市场波动巨大的不确定性、公司发展的不确定性的一种预防和保险。有趣的是，根据安全边际原则进行的投资，风险越低，投资收益就越高。

对于进攻型投资者，最关键的是要全神贯注于那些正经历不太引人注意时期的大公司。巴菲特喜欢在一个好公司因受到怀疑、恐惧或误解干扰而使股价暂挫时进场投资。“巨大的投资机会来自于优秀的公司被不寻常的环境所困，这时会导致这些公司的股票被错误地低估。”

市场下跌反而是重大利好消息。无人对股票感兴趣之日，正是你应对股票感兴趣之时。在股市过度狂热时，只有极少的股票价格低于其内在价值。而在股市过度低迷时，可以购买的价格低于其内在价值的股票如此之多，以至于投资者因为财力有限而不能充分利用这一良机。

5. 组合原则：集中投资

不要把所有鸡蛋放在同一个篮子里，这句话是错误的，投资应该“把所有鸡蛋放在同一个篮子里，然后小心看好它”。投资人真正需要具有的是能够对所选择的企业正确评估的能力……显然，每一位投资者都会犯错误，但是通过将自己的投资范围限制在少数几个易于理解的公司中，一个聪明的、有知识的、勤奋的投资者就能够以有效实用的精确程度判断投资风险。

多元化投资是对无知的一种保护。集中投资的另一个好处是，当你选择的股票具备非常好的赢利空间时，你的投资越集中风险就越小，回报就越高。就像巴菲特的伙伴查理·芒格所说："当成功概率很高时下大赌注。人们应该在即将发生的事情上下注，而不是在应该发生的事情上下注。"

6. 持股原则：长期持有

许多投资人在公司表现良好时急着想要卖出股票以兑现赢利，却紧紧抱着那些业绩令人失望的公司股票不放手。正确的做法是与他们恰恰相反。彼得·林奇曾恰如其分地形容这种行为是"铲除鲜花却浇灌野草"。

巴菲特曾在年报中说："我们长期持有的行为表明了我们的观点：股票市场的作用是一个重新配置资源的中心，资金通过这个中心从频繁交易的投资者流向耐心持有的长期投资者。"但巴菲特并不是将所有买入的股票都长期持有，事实上他认为只有极少的股票才值得长期持有。

如果你要更多地了解沃伦·巴菲特的投资理念，可以阅读相关著作，如《新巴菲特学说》等。

三、穷爸爸富爸爸

对任何有兴趣提高自己的财商和改善财务状况的人来说，《穷爸爸富爸爸系列丛书》都是一个很好的教育工具。它可以帮助你早日实现财务上的自由，进而享受人生更多的自由。

下面摘取部分内容，以供大家参考。

穷人和中产阶级为钱而工作，富人让钱为他们工作。

富人越来越富，穷人越来越穷，中产阶级总是在债务泥潭中挣扎。

大多数人认为太冒险的投资，实际并无多大风险，只是因为你缺乏某些财务知识而不知道究竟该怎样看待这些投资机会。

当你资金短缺时，去承受外在的压力而不要动用你的储蓄或投资，利用这种压力来激发你的财务天赋，想出新办法来得到更多的钱，然后再支付账单。

钱是一种力量，但更有力量的是有关理财的教育。钱来了又去，但如果你了解钱是如何运转的，你就有了驾驭它的力量，并开始积累财富。光想不干的原因是绝大部分人接受学校教育后却没有掌握钱真正的运转规律，所以他们终生都在为钱而工作。

我们总是有着恐惧或贪婪之心。从现在开始，对你们来说，重要的是运用这些感情为你们的长期利益谋利，别让你们的感情控制了思想。大多数人让他们的恐惧和贪婪之心来支配自己，这是无知的开始。因为害怕或贪婪，大多数人生活在挣工资、加薪、劳动保护之中，而不问这种感情支配思想的生活之路通向哪里。这就像一幅画：驴子在拼命拉车，因为车夫在它鼻子前面放了个胡萝卜。车夫知道该把车驶到哪里，而驴却只是在追逐一个幻觉。但第二天驴依旧会去拉车，因为又有胡萝卜放在了它的面前。

如果你要更多地了解“富爸爸”的投资理念，可以阅读相关著作，如《穷爸爸富爸爸》、《富爸爸财务自由之路》、《富爸爸投资指南》等。

四、成为百万富翁的八个步骤

有一本名为《成为百万富翁的八个步骤》的书，该书作者查理斯·卡尔森通过对美国170名百万富翁进行系统地访问、调查，从他们的致富经验中归纳出了要想成为拥有七位数身价的百万富翁的八个行动步骤：

第一步：现在就开始投资。没钱投资怎么办？卡尔森建议投资者强迫自己立即将收入的10%~25%用于投资；没时间投资怎么办？那就立即减少看电视的时间，把精力花在学习投资理财知识上；担心股价太高怎么办？别忘了股价永远会有新高。

第二步：制订目标。这个目标可以是为小孩准备好大学学费、买新房子或是50岁以前攒足退休费。总之，任何目标都可以，但必须要定个目标，全力去完成。

第三步：把钱花在买股票或股票基金上。美国人认为买股票能致富，买政府公债只能保住财富。百万富翁的共同经验是：别相信那些黄金、珍奇收藏品等玩意儿，把心放在股票上，这才是建立财富的开始。从长期趋势来看，股票年均报酬率是11%，政府公债则略高于5%。

第四步：不要眼高手低。百万富翁并不是因为投资高风险的股票而致富的，他们投资的是一般的绩优股。

第五步：每月固定投资，投资必须成为习惯，成为每个月的“功课”。不论投资金额多少，只要做到每月固定投资，就足以使你的财富超越美国 2/3 以上的人，因为他们平常只想到消费，到老才想到投资。

第六步：买了股票要长期持有。调查显示，3/4 的百万富翁买股票至少要持有 5 年以上。股票频繁买进卖出，不仅冒险，还得付交易费、券商佣金等。这样交易越多反而不会使你致富，只会令交易商致富。

第七步：把税务局当做投资伙伴。厌恶税务局的思想并不可取，只有把它当成自己的投资伙伴，并随时注意新的税务规定，善于利用免税规定进行正当的投资理财，使税务局成为你致富的助手，才是正面的做法。

第八步：限制财务风险。百万富翁大多都能量入而出，买现成的西装，开普通福特车，在平价商场购物，他们通常都不爱频繁换工作，不生一大堆孩子，不搬家，生活没有太多意外——稳定性是他们的共同特色。

第三部分

投资理财

——工具篇

第四章
储蓄、基金与保险

“保险的意义是今日作明日的准备，父母作儿女的准备，儿女幼时作儿女长大时的准备，而这种今天预备明天、生时预备死时、父母预备儿女的稳健旷达与慈爱精神，是现今保险对人类社会的一大贡献。”

——胡适

第一节　你真的会储蓄吗

新闻链接

加　息

中国人民银行决定，自2007年7月21日起上调金融机构人民币存贷款基准利率。金融机构一年期存款基准利率上调0.27个百分点，由现行的3.06%提高到3.33%；一年期贷款基准利率上调0.27个百分点，由现行的6.57%提高到6.84%；其他各档次存贷款基准利率也相应调整；个人住房公积金贷款利率相应上调0.09个百分点。本次利率调整有利于引导货币信贷和投资的合理增长；有利于调节和稳定通货膨胀预期，维护物价总水平基本稳定。

降　税

根据第十届全国人民代表大会常务委员会第二十八次会议修改后的《个人所得税法》第十二条的规定，国务院决定自2007年8月15日起，将储蓄存款利息所得个人所得税的适用税率由现行的20%调减为5%。

根据1999年修订的《个人所得税法》和对储蓄存款利息所得征收个人所得税的实施办法，我国自1999年11月1日起，对储蓄存款利息所得恢复征收个人所得税。这项政策在鼓励消费和投资、合理调节个人收入、增加财政收入等方面发挥了积极作用。

目前，我国经济社会情况发生了新的变化，投资增长较快，物价指数有一定的上涨，个人储蓄存款收益相对减少，减征储蓄存款利息所得个人所得税，有利于增加个人储蓄存款收益，符合国民经济发展的需要。

储蓄我们是最为熟悉的理财工具，也是最为基础的理财方式，在中国人的思想观念之中根深蒂固。大多数居民目前仍然将储蓄作为理财的首选。但是，在个人理财大行其道的今天，有些人认为把钱存在银行就是一种浪费，只有把钱拿出来投资才是正道。这就有点矫枉过正，过去人们过度重视储蓄，现在又过度轻视储蓄。其实，合理的储蓄才是理财的第一步。

一、储蓄的目的

储蓄是家庭金融资产的重要组成部分，是合理组织家庭经济生活的基本手段。一般而言，储蓄主要用于以下几个目标：

1. 风险保障

储蓄可以应对紧急的事件或未曾预料的情况。一个人在遇到不时之需时，通过卖出股票、邮票、房产、国债等来套现都不如银行提款来得方便快捷。

2. 子女教育

对于子女的成长，每个家庭都应储备教育基金。从资金的性质上讲，其安全性要求较高，适合于银行存款。

3. 退休养老

一些快要退休或已经退休的人士风险承受能力较低，银行存款是比较稳妥的，若此时再追逐各种高风险的投资是不合时宜的。

4. 结婚嫁娶

不少年轻人以进取型居多，热衷于炒楼炒股，但往往弄得筹办婚礼时资金周转不灵。因此，一定的银行存款是必不可少的。

5. 积累资金

对于一些财富积累并不充分的人来说，如果要进行各项投资却缺少资金的话，也就无法投资，所以通过储蓄积累资金可以说是致富的第一步。

6. 保值赢利

虽然我国现在银行存款利率不高，但综合各项因素，储户依然能够在通货膨胀较低时获得实际利息收入。

二、储蓄也有风险

这里所说的储蓄风险，是指不能获得预期的储蓄利息收入（金融机构人民币存贷款基准利率见表 4–1），或由于通货膨胀而引起的储蓄本金的贬值的可能性。

1. 利息损失

预期的利息收益发生损失主要是由以下两个原因所引起的。

（1）存款提前支取

根据目前的储蓄条例规定，定期存款若提前支取，利息只能按支取日挂牌的活期存款利率支付。这样，存款人若提前支取未到期的定期存款，就会损失一笔利息收入。存款额越大，离到期日越近，提前支取存款所导致的利息损失亦越大。

（2）存款种类选错导致存款利息减少

储户在选择存款种类时应根据自己的具体情况作出正确的抉择。如选择不当，也会引起不必要的损失。

例如，许多储户为图方便，将大量资金存入活期存款账户或信用卡账户，但活期存款和信用卡账户的存款都是按活期存款利率计息，利率很低。把钱存在活期存折或信用卡里，一存就是几个月、半年，甚至更长时间，其中利息损失，可见一斑。

再比如，过去有许多储户喜欢存定活两便储蓄，认为其既有活期储蓄随时可取的便利，又可享受定期储蓄的较高利息。但根据现行规定，定活两便储蓄利率按同档次的整存整取定期储蓄存款利率打六折，所以从多获利息角度考虑，宜尽量选整存整取定期储蓄。

表 4-1　金融机构人民币存贷款基准利率表　　单位：%

存贷款种类	利　率
一、城乡居民和单位存款	
（一）活期存款	0.81
（二）整存整取定期存款	
三个月	2.34
半　年	2.88
一　年	3.33
两　年	3.96
三　年	4.68
五　年	5.22

续 表

存贷款种类	利 率
二、各项贷款	
六个月	6.03
一 年	6.84
一至三年	7.02
三至五年	7.20
五年以上	7.38
三、个人住房公积金贷款	
五年以下（含五年）	4.50
五年以上	4.95

2. 本金损失

一般来说，如不考虑通货膨胀因素，储蓄存款的本金是不会发生损失的。

如果某储户到期取款时，他所在地区的物价上涨率高于同期的存款利息率，在无保值贴补的情况下，其存款本金也会因存款的实际收益率（实际利率）为负数而发生损失。

三、合理储蓄

1. 合理储蓄的理念

虽然几乎每个人都在储蓄，但真正做到合理储蓄的并不多。

一般而言，储蓄的理念有三种："收入－支出＝储蓄"，"收入－储蓄＝支出"，"收入－目的性储蓄＝支出"。乍一看，这三者仿佛相差不多。确实，从数学的角度来看，这三个等式基本一致。但从理财的角度看，三者有天壤之别。

由于一个普通人的每月收入基本上都是确定的，那么可以变化的也就是支出和储蓄，所以如何安排支出和储蓄就体现了理念的差别。

理财小提示

☛增收储蓄法

在日常生活中，如遇上增薪、获奖、稿酬、亲友馈赠和其他临时性收入时，可权当没有这些收入，将这些增收的钱及时存进银行。

☛折旧存储法

为了家用电器等耐用消费品的更新换代，可为这些物品存一笔折旧费。在银行设立一个“定期一本通”存款账户，当家庭需添置价值较高的耐用品时，可以根据物品的大致使用年限，将费用平摊到每个月。这样，当这些物品需要更换时，账户内的折旧基金便能派上用场。

（1）“收入－支出＝储蓄”

绝大多数人都是“收入－支出＝储蓄”，每个月支出优先，如果有结余就存入银行。但是，在收入基本固定的前提下，储蓄的合理与否就完全依赖于支出的合理性，而支出往往缺乏理性，所以这种方式很不合理。曾经盛行的“月光一族”就是这种理念的坚定拥护者，他们的支出是否合理非常值得商榷。

（2）“收入－储蓄＝支出”

还有些人则是“收入－储蓄＝支出”，每个月首先确定储蓄金额，然后按照剩余数额来安排支出。相比“收入－支出＝储蓄”，这些人已经有了很大的进步，但如果储蓄缺乏目的性，只是为储蓄而储蓄，则仍不算合理。

中国人往往把储蓄当成一种美德，以存款多为荣耀。但是，过度存款不但要承担贬值的风险，还会错过很多潜在的获利机会，并不是明智的选择。

（3）“收入－目的性储蓄＝支出”

比较合理的储蓄理念是“收入－目的性储蓄＝支出”。所谓目的性储蓄，是指根据理财目标和家庭经济收入的实际情况，通过精确的计算，得出为达到目标每月所需的准确金额，然后每月都按此金额进行储蓄。

比如，你月收入为 30000 元，准备两年后买房，房价估计为 60 万元。现在已有存款 15 万元，但其中 5 万元为应急储备，10 万元为结婚准备的相关费用，均不能作为购房储蓄。另外，你投资股市 15 万元，当前市值为 25 万元，所以计划抛售价值 15 万元的股票作为购房启动金，仅留有利润在股市。因此，在未来的两年内，你要储蓄 60 万元－15 万元＝45 万元，每月需要储蓄 45 万元÷（12 个月×2）＝1.875 万元。这个 1.875 万元就是目的性储蓄。

2. 合理搭配储蓄结构

存款结构是指存款的种类、数额和存期。合理安排存款结构可以获得最大的利息收入，减少通胀的影响，同时还能保证存款的流动性。在通货膨胀率相对利率更高的时期，则应积极进行投资，将部分资金投资于收益相对较高的品种。

（1）整存整取

整存整取定期储蓄是指个人将属于其所有的人民币存入银行储蓄机构，约定存期、整笔存入，储蓄机构开具存单作为凭证，到期一次性支取本息的一种储蓄存款。其特点是利率较高、流动性差。

为了应对流动性差的缺陷，衍生出很多储蓄方法。

①滚动存储法

每月将剩余的钱存入一张 1 年期整存整取定期储蓄，存储的数额可根据家庭的经济收入而定，存满 1 年为一个周期。1 年后第一张存单到期，可取出储蓄本息，凑个整数，进行下一轮的周期储蓄。如此循环往复，手头始终是 12 张存单，每月都可有一定数额的资金收益，储蓄数额滚动增加，家庭积蓄也随之丰裕。滚动储蓄可选择 1 年期的，也可选择 3 年期或 5 年期的定期储蓄。这种储蓄方法较为灵活，每月存储额可视家庭经济收入而定，无须固定。一旦急需钱用，只要支取到期或近期所存的储蓄就可以了，可以减少利息损失。

②四分存储法

四分存储法又叫“金字塔”法，如果你持有 1 万元，可以分别存成 4 张定期存单，存单的金额呈金字塔状，以适应急需时不同的数额。可以将 1 万元分别存成 1000 元、2000 元、3000 元、4000 元 4 张 1 年期定期存单。这样可以在急需用钱时，根据实际需用金额领取相应额度的存单，可避免需取小数额却不得不动用大存单的弊端，以减少不必要的利息损失。

③阶梯存储法

假如你持有 3 万元，可分别用 1 万元开设 1～3 年期的定期储蓄存单各 1 份。1 年后，你可用到期的 1 万元再开设 1 张 3 年期的存单，依此类推，3 年后你持有的存单则全部为 3 年期的，只是到期的年限不同，依次相差 1 年。这种储蓄方式可使年度储蓄到期额保持等量平衡，既能应对储蓄利率的调整，又可获取3年期存款的较高利息。这是一种中长期投资，适宜于工薪家庭为子女积累教育基金与婚嫁资金等。

（2）零存整取、整存零取、存本取息

零存整取定期储蓄是指个人将属于其所有的人民币存入银行储蓄机构，每月固定存额，集零成整，约定存款期限，到期一次支取本息的一种定期储蓄。

整存零取定期储蓄是指个人将属于其所有的人民币一次性存入较大的金额，分期陆续平均支取本金，到期支取利息的一种定期储蓄。

存本取息定期储蓄是指个人将属于其所有的人民币一次性存入较大的金额，分次支取利息，到期支取本金的一种定期储蓄。

这三种储蓄品种的利率低于整存整取定期存款，但高于活期储蓄，可使储户获得稍高的存款利息收入。

为了最大限度地发挥这些储种的作用，也衍生出了一些新型的储蓄方法，如组合存储法。组合存储法是一种存本取息与零存整取相结合的储蓄方法。比如，你现在有5万元，可先存入存本取息储蓄账户，一个月后，取出第一个月利息，再开一个零存整取储蓄账户，然后将每个月利息收入零存整取账户。这样，不仅可以得到存本取息的利息，而且其利息在存入零存整取账户后又获得了利息。

（3）个人通知存款

个人通知存款是指客户存款时不必约定存期，支取时需提前通知银行，约定支取存款日期和金额方能支取的一种存款品种。人民币通知存款需一次性存入，支取可分一次或多次。不论实际存期多长，按存款人提前通知的期限长短划分为1天通知存款和7天通知存款两个品种，最低起存金额为5万元，最低支取金额为5万元。

个人通知存款适合手头有大笔资金准备用于近期（3个月以内）开支，不适合进行其他定期储蓄的资金。它可获取比活期储蓄更高的收益，又比其他定期储蓄方式具有更高的资金流动性。

需要注意的是，如果你购买的是7天通知存款，在向银行发出支取通知后，未满7天即前往支取，则支取金额的利息按照活期存款利率计算。此外，办理通知手续后逾期支取的，支取部分也要按活期存款利率计息；支取金额不足或超过约定金额的，不足或超过部分按活期存款利率计息；支取金额不足最低支取金额的，按活期存款利率计息；办理通知手续而不支取或在通知期限内取消通知的，通知期限内不计息。

也就是说，个人通知存款的关键是存款的支取时间、方式和金额都要与事先的约定一致，才能保证预期利息不会遭到损失。

（4）教育储蓄

教育储蓄是指个人为其子女接受非义务教育（指九年义务教育之外的全日制高中、大中专、大学本科、硕士和博士研究生）积蓄资金，到期支取本息的一种定期储蓄。

教育储蓄为特殊的零存整取定期储蓄存款。储户特定、存期灵活、总额控制、利率优惠、利息免税、定向使用、贷款优先。能积零成整，满足中低收入家庭小额存储，积蓄资金，解决子女非义务教育支出的需要。

（5）活期储蓄

活期储蓄是指个人将属于其所有的人民币资金存入银行储蓄机构，不规定存期，储蓄机构开具存折作为凭证，个人可随时凭存折续存或取款、存取金额不限的储蓄存款。其特点是：存款、取款灵活方便，但利率低。适合个人生活待用款的储存。

（6）定活两便储蓄

定活两便储蓄指的是客户一次性存入人民币本金，不约定存期，支取时一次性支付全部本金和税后利息。当存款天数达到或超过整存整取的相应存期（最长的存期为一年）时，利率按支取日当日挂牌该定期整存整取存期利率档次下浮一定比率确定，不分段计息，存款天数达不到整存整取的最低存期时，按支取当日挂牌活期利率计算利息。其特点是：方便灵活，收益较高；手续简便，利率合理。适合存款期限不确定的储户。

第二节 投资基金特省心

新闻链接

基金不是万能的

全球最大的对冲投资基金之一——美国长期资本管理基金（LTCM），曾经聘请了两名诺贝尔经济学奖得主为其专门编写了一套“稳赚不赔”的电脑方程式，并且在 1995—1996 年度连续替客户取得 40%以上的惊人回报。而在 1997—1998 年度的亚洲及俄罗斯金融危机当中，却也创下了一个月之内亏掉 20 多亿美元的纪录，最后不得不请联邦储备局出面挽救。

基金这个名词，在中国市场上出现的时间并不短，但到目前为止普及率依然不高。中国的基民大约有一千多万，但是真正认识基金、懂得基金的人还是少数。基金其实是一种间接的证券投资方式，是一种理财的工具，是一种契约。通过购买基金产品，投资者跟基金公司之间建立委托理财的关系，达到让专家帮个人投资的目的。

根据《证券投资基金管理暂行办法》的定义，证券投资基金是一种利益共享、风险共担的集合证券投资方式，即通过发行基金单位集中投资者的资金，由基金托管人托管，由基金管理人管理和运用资金，从事股票、债券等金融工具投资，并将投资收益按基金投资者的投资比例进行分配的一种间接投资方式。

一、证券投资基金的特征

1. 集合投资

证券投资基金是一种集合投资方式，即通过向投资人发行基金份额或基金单位，能够在短期内募集大量的资金用于投资。同时，在投资过程中，能够发挥资金集中的优势，有利于降低投资成本，获取投资的规模效益。

对个人投资者而言，集合投资使投资者的少量资金也能享受组合投资带来的利益，同时通过规模投资还可以使投资者进入小额投资者所不能进入的投资领域，如在银行间市场买卖国债等。

2. 专业管理

专业管理，亦称专家管理，即证券投资基金是通过监管机构认可的专业化的投资管理机构来进行管理和运作的。这类机构由具有专门资格的专家团队组成，研究员和基金经理经过专业的投资训练，具有丰富的金融理论知识、证券研究能力和大资金的投资经验，建立起了广泛的信息渠道，并对宏观经济、行业发展、公司经营状况以及市场的走势进行专门分析，能对金融市场上各品种的价格变动趋势作出比较正确的预测，最大限度地避免投资决策的失误，提高投资成功率。

对于那些没有时间，或者对市场不太熟悉，没有能力专门研究投资决策的中小投资者来说，投资于基金，实际上就可以获得专家们在市场信息、投资经验、金融知识和操作技术等方面所拥有的优势，从而尽可能地避免盲目投资带来的失败。

3. 组合投资，分散风险

投资学中有一句名言："不要把所有的鸡蛋放在一个篮子里。"以科学的组合投资降低风险、提高收益，是基金的另一大特色。证券投资基金有特定的投资目标、投资范围、投资组合和投资限制。证券投资基金在投资过程中通过科学的投资组合和投资限制，实行分散化投资，这将有利于实现资产组合的多样化，并通过不同资产和不同投资证券的相互补充，达到降低投资风险和提高收益的目的。

对于个人投资者而言，由于资金有限，仅能投资于某几种证券，如果所投资的某几种证券业绩不佳，投资者可能亏损。而基金则有雄厚的资金，可分散投资于多种证券，进行组合投资，不至于出现因某几种证券损失而招致满盘皆输的局面。

4. 制衡机制

证券投资基金在运作中实行制衡机制，即投资人拥有所有权、管理人管理和运作基金资产、托管人保管基金资产。这种三方当事人之间相互监督、相互制约的机制，可以规范基金运作，保护投资人的权益。

5. 利益共享、风险共担

证券投资基金实行“利益共享、风险共担”原则，即投资人根据其持有基金单位或份额的多少，分配基金投资的收益或承担基金投资风险。

二、证券投资基金的种类

1. 以基金是否可以自由申购、赎回为标志划分

以基金是否可以自由申购、赎回为标志，证券投资基金可分为开放式基金和封闭式基金。

开放式运作方式的基金（开放式基金）是指，基金份额总额不固定，基金份额可以在基金合同约定的时间和场所申购或者赎回的基金。

封闭式运作方式的基金（封闭式基金）是指，经核准的基金份额总额在基金合同期限内固定不变，基金份额可以在依法设立的证券交易场所交易，但基金份额持有人不得申请赎回的基金。

2. 按照投资对象的不同划分

按照投资对象的不同，可以分为股票基金、债券基金、货币市场基金、期货基金、期权基金、认股权证基金、基金中的基金和混合基金等。其中，股票基金、债券基金、货币市场基金、混合基金四类最为常见，下面将简单介绍。

（1）股票基金

60%以上的基金资产投资于股票的为股票基金。我国市面上大多数的基金都是股票型基金。股票基金的主要功能是将大众投资者的小额资金集中起来，投资于不同的股票组合。一般来说，股票型基金的获利是最高的，但相对来说投资的风险也较大。

股票基金按投资的对象可分为优先股基金和普通股基金。优先股基金可获取稳定收益，风险较小，收益分配主要是股利。普通股基金是目前数量最大的一种基金，该基金以追求资本利得和长期资本增值为目的，风险较优先股基金大。

按基金投资分散化程度，可将股票基金分为一般普通股票基金和专门化股票基金，前者是指将基金资产分散投资于各类普通股票上，后者是指将基金资产投资于某些特殊行业的股票上，风险较大，但可能具有较好的潜在收益。

按基金投资的目的还可将股票基金分为资本增值型基金、成长型基金及股

票收入型基金。资本增值型基金投资的主要目的是追求资本快速增长，以此带来资本增值，该类基金风险高、收益也高。成长型基金投资于那些具有成长潜力并能带来收入的普通股票上，具有一定的风险。股票收入型基金投资于具有稳定发展前景的公司所发行的股票，追求稳定的股利分配和资本利得，这类基金风险小，收入也不高。

（2）债券基金

80%以上的基金资产投资于债券的为债券基金。债券基金除了投资国债之外，还可投资于金融债和企业债等。绝大多数债券基金以开放式基金形态发行，并采取不分配收益方式，合法节税。目前，国内大部分债券型基金属性偏向于收益型债券基金，一般会定期派息，具有低风险且收益稳定的特点。债券是一种收益稳定、风险较小的有价证券，适合于想获得稳定收入的投资者。

（3）货币市场基金

货币市场基金是投资于货币市场（一年以内，平均期限 120 天）的投资基金，主要投资于短期货币工具，如国债、银行大额可转让存单、商业票据、公司债券等。

（4）混合基金

投资于股票、债券和货币市场工具，并且股票投资和债券投资的比例不符合股票基金和债券基金规定的为混合基金。根据股票、债券投资比例以及投资策略的不同，混合型基金又可以分为偏股型基金、偏债型基金、配置型基金等多种类型。

3. 根据基金的募集方式划分

根据基金的募集方式可分为公募基金和私募基金。

（1）公募基金

公募基金是受我国政府主管部门监管的、向不特定投资者公开发行受益凭证的证券投资基金。例如，目前国内证券市场上的封闭式基金属于公募基金。公募基金已经通过证监会审核，可以在银行网点、证券公司网点以及各种基金营销机构进行销售，可以大做广告，并且可以在各种交易行情中看到相关信息。

公募基金的发行特征包括：以众多投资者为发行对象；筹集潜力大；投资者范围大（不特定对象的投资者）；可申请在交易所上市（如封闭式）；信息披露公开透明。

（2）私募基金

“私募基金”是颇具中国特色的一个词语。私募基金，是相对于公募基金而言的，曾被称为“地下基金”，是指通过非公开方式、面向少数机构投资者募集资金而设立的基金。它的销售和赎回，都是基金管理人通过私下与投资者协商进行的，所以也可以称为向特定对象募集的基金。

4. 根据基金的风险收益特征划

根据基金的风险收益特 长型基金、平衡型基金和收入型基金。

成长型基金的投资目标 增值。一些成长型基金投资范围很广，包括很多行业；一些成长型基 围相对集中，比如集中投资于某一类行业的股票或价值被认为低估的 型基金价格波动一般要比保守的收益型基金或货币市场基金要大 也要高。一些成长型基金也衍生出新的类型，例如基金成长型基 标是争取资金的快速增长，有时甚至是短期内的最大增值，一般 公司等。这类基金往往有很强的投机性，因此波动也比较大。

平衡型基金是既追求长 求当期收入的基金，这类基金主要投资于债券、优先股和部 价证券在投资组合中有比较稳定的组合比例，一般是把资产 用于优先股和债券，其余的用于普通股投资。其风险和收益状 金和收入型基金之间。平衡型基金由于风险和收益比较中性，受 的青睐，在美国就有近 1/4 的开放式基金采用平衡型基金的形式。

收入型基金是以追求基金当 资目标的基金，其投资对象主要是那些绩优股、债券、可转让大额 比较稳定的有价证券。收入型基金一般把所得的利息、红利都分配 这类基金虽然成长性较弱，但风险相应也较低，适合保守的投资者和 。

三、投资基金的适宜对象

如果你属于以下几种情况，可以考虑将你资产的一部分投资于基金：

①希望获得比存款更高收益的人士。

②没时间理财的职业人士。

③缺乏投资专业知识的人士或不愿承担股市高风险的人士。

④正在考虑为子女准备教育资金或为将来退休生活准备资金的人士。

⑤其他有需求的人士。

总之，如果你有适当的资金，为实现资金的增值或是准备应付将来的支出，都可以投资于基金，委托基金管理公司的专家为你理财，既可分享证券市场带来的收益机会，又能避免过高的风险和直接投资带来的烦恼，达到轻松投资、事半功倍的效果。

但是，基金只适合作为一种中长期的投资，期望获得较银行利息为高的收益来抵消通货膨胀或物价指数上涨的幅度，并给资金一种安全感。而且，基金作为投资工具，暂时来讲流动性较差，不像股票那样在交易日内隔天就可以拿到现金，更不像银行存款那样随时可以取用，所以只能选择将中长期闲置的资金投资基金。

第三节　千万要买保险

理财小提示

您有能力负担每天七百元的医疗费吗?

平均每七个美国人就有一个人会遭遇到这种令人心痛的损失(即因病或意外住院医疗)!

如果您没有这种应变的能力，请您立即参加我们的保险计划!

——美国蓝十字保险公司的公益广告

正所谓“天有不测风云，人有旦夕祸福”。人生面临很多的风险，未雨绸缪总是明智的。

在投资理财中，保险虽然不是最好的增值品种，但却是最好的保障品种。尤其在目前社会保障不能完全满足个人养老、医疗需求的情况下，个人需要考虑购买一些保险，为自己和家庭将来可能发生的风险做一些基本保障。

一、保险的作用

1. 转移风险

买保险就是把自己的风险转移出去，而接受风险的机构就是保险公司。保险公司接受风险转移是因为可保风险还是有规律可循的。通过研究风险的偶然性去寻找其必然性，掌握风险发生、发展的规律，为众多有危险顾虑的人提供了保险保障。

2. 均摊损失

转移风险并非指灾害事故真正离开了投保人，而是保险人借助众人的财力，给遭灾受损的投保人补偿经济损失，为其排忧解难。保险人以收取保险费用和支付赔款的形式，将少数人的巨额损失分散给众多的被保险人，从而使个人难以承受的损失变成多数人可以承担的损失，这实际上是把损失均摊给有相同风险的投保人。所以，保险只有均摊损失的功能，而没有减少损失的功能。

3. 实施补偿

分摊损失是实施补偿的前提和手段，实施补偿是分摊损失的目的。

其补偿的范围主要有以下几个方面：投保人因灾害事故所遭受的财产损失；投保人因灾害事故使自己身体遭受的伤亡或保险期满应结付的保险金；投保人因灾害事故依法对他人应付的经济赔偿；投保人因另一方当事人不履行合同所蒙受的经济损失；灾害事故发生后，投保人因施救保险标的所发生的一切费用。

4. 抵押贷款和投资收益

《保险法》中明确规定："现金价值不丧失条款。"客户虽然与保险公司签订合同，但客户有权中止这个合同，并得到退保金额。保险合同中也规定客户资金紧缺时可申请退保金的90%作为贷款。如果你急需资金，又一时筹措不到，便可以将保险单抵押在保险公司，从保险公司取得相应数额的贷款。

同时，一些人寿保险产品不仅具有保险功能，而且具有一定的投资价值。就是说，如果在保险期间没有发生保险事故，那么在到达给付期时，你所得到的保险金不仅会超过你过去所缴的保险费，而且还有本金以外的其他收益。由此可以看出，保险既是一种保障，又兼有投资收益。

二、保险的基本类别

1. 按保险标的或保险对象划分

按保险标的或保险对象划分，保险主要分为财产保险和人身保险两大类。这是最常见的一种分类方法。

（1）财产保险

财产保险以物质财产及其有关利益、责任和信用为保险标的，当保险财产遭受保险责任范围内的损失时，由保险人提供经济补偿。

财产分为有形财产和无形财产。厂房、机械设备、运输工具、产成品等为有形财产；预期利益、权益、责任、信用等为无形财产。与此相对应，财产保险有广义和狭义之分。广义的财产保险是指以物质财富以及与此相关的利益作为保险标的的保险，包括财产损失保险、责任保险和信用（保证）保险。狭义的财产保险是指以有形的物质财富以及与此相关的利益作为保险标的的保险，主要包括火灾保险、海上保险、货物运输保险、汽车保险、航空保险、工程保险、利润损失保险和农业保险等。

（2）人身保险

人身保险以人的寿命和身体为保险标的，并以其生存、年老、伤残、疾病、死亡等人身风险为保险事故。在保险有效期内，被保险人因意外事故而遭受人身伤亡，或在保险期满后仍然生存，保险人都要按约给付保险金。人身保险包括人寿保险、人身意外伤害保险和健康保险等。

2. 按承保的风险划分

根据承保风险的不同，保险可划分为单一风险保险和综合风险保险。

单一风险保险是指仅对某一可保风险提供保险保障的保险。例如，水灾保险仅对特大洪水事故承担损失赔偿责任。

综合风险保险是指对两种或两种以上的可保风险提供保险保障的保险。综合保险通常是以基本险加附加险的方式出现的。当前的保险品种基本上都具有综合保险的性质。例如，我国企业财产保险的保险责任包括火灾、爆炸、洪水等。

3. 按保险的实施方式划分

按保险的实施方式划分，可分为强制保险与自愿保险，或者商业保险与社会保险。

（1）强制保险与自愿保险

强制保险是国家通过立法规定强制实行的保险。强制保险的范畴大于法定保险。法定保险是强制保险的主要形式。

自愿保险是投保人根据自身需要自主决定是否投保、投保什么以及保险保障范围。

（2）商业保险与社会保险

商业保险，又称金融保险，是指按商业原则所进行的保险，以赢利为目的。具体而言，是指投保人根据合同约定，向保险人支付保险费，保险人对于合同约定的因可能发生的事故而造成的财产损失承担赔偿保险金责任，或者当被保险人死亡、伤残、疾病或者达到合同约定的年龄、期限时承担给付保险金责任的保险作为。

社会保险是指国家通过立法强制实行的，由个人、单位、国家三方共同筹资，建立保险基金，对个人因年老、工伤、疾病、生育、残废、失业、死亡等原因丧失劳动能力或暂时失去工作时，给予本人或其供养直系亲属物质帮助的一种社会保障制度。社会保险具有法制性、强制性、固定性等特点，每个在职职工都必须实行，所以，社会保险又称为（社会）基本保险，或者简称为社保。

社会保险按其功能又分为养老保险、工伤保险、失业保险、医疗保险、生育保险、住房保险（又称住房公积金）等。

三、购买保险的原则

1. 为最重要的人购买

保险应该为家里最重要的人买，这个人应是家庭的主要经济支柱（三四十岁的人最应该购买保险，因为上有老下有小，肩上的责任最重）。应考虑到如果家庭中的主要经济支柱遭遇意外和疾病，如何保障家庭的生活，缓解由此带来的家庭生活危机。

对于家庭支柱，建议首先考虑购买含重大疾病的保障型险种，并附以较高比例的意外险和医疗险。如果已经有意外险和保障型险种，也应适当提高保险金额。比如，如果一个家庭有 30 万元的房贷，则至少应购买保额为 30 万元的死亡及意外险。万一真有什么不幸，可以由保险公司来支付余下的房贷，不至于使家庭其他成员由于没有支付能力而流离失所。

有些人为孩子的将来担忧，给孩子购买大量的保险，其实是不合适的。毕竟，一旦家里的主要经济来源出了问题，为孩子买了再多保险也于事无补。但是，由于孩子尚未成年，他们抵御外界风险能力较低，容易发生疾病或意外，还是建议给孩子购买一定比例的医疗险和意外险。

2. 保障类优先

买保险一般应按下面的顺序优先选择：

意外（寿险）→健康险（含重大疾病、医疗险）→教育险 →养老险 →投资型保险（分红、投连、万能）。

在选择保险品种时，应该先选择终生寿险或定期寿险。前者会贵一些，主要是为规避遗产税；后者一般买到 55~60 岁，主要是为了保证家庭其他成员，尤其是孩子，在家庭主要收入者有所意外而自己仍没有独立生活能力时，仍能维持生活。一个城市的三口之家，根据家庭主要收入者所负担的责任和日常生活开销，保额在 50 万元左右较为合适。

在寿险之外，家庭还应考虑意外、健康、医疗等险种，保额在 10 万~20 万元比较合适。

总体而言，寿险及意外、健康、医疗等的总保额能满足 5 年的日常生活支出及偿还负债即可。

如果条件允许，还可以再买一点储蓄理财类保险，如子女教育、养老、分红类保险等。

3. 保险支出不超过 10%

保险的基本原理是大家出钱，个别遭遇小概率事件的人获得补偿。保险主要是为了应付生活中的一些风险（不确定性），如大病、意外伤残、死亡等，没有保值增值功能（分红性保险除外，但它不是纯粹意义上的保险）。因此，一般而言不需要投入太多，保费不超过家庭年收入的 10%较为合适。

4. 保险与投资并行

投资人可以根据自己的理财目标和可承担风险的能力及意愿，手中留一部分现金应付日常的流动性需求及突发性意外事件（一般来说，6~12 个月的日常生活费用就已足够），购买一些保险以对抗生活中的意外事件，同时进行一些有效的投资，以达到家庭资产保值增值的目的。

5. 量力而行

根据自己的经济收入状况，确定适当的保险额数。

一般来讲，寿险的保险金额确定为一个人的年收入的 3 倍左右，而意外险的保额一般为一个人的年收入的 10 倍左右。

6. 选择组合式保险计划

所谓组合式保险计划，就是将含有寿险、意外保险、健康保险保障利益的多个保险险种以一个保险计划的形式出现。

通过多个险种的搭配，可以使保户获得较周全的保险，这样才能达到最佳保障效果。因此，我们应该选择组合式的保险计划，而且这样还可以节省一定的保险费用。

四、购买保险的步骤

1. 分析需求，明确目的

首先要做的就是了解家庭经济状况，分析家庭风险种类，并明确保险目的。

保险的目的主要包括生命保障、收入保障、养老保障、伤残保障、疾病医疗费用保障等。在确定了保险的目的之后，才能选择到适合自己的保险种类。

表 4–2 列示了人生不同阶段应该购买的保险品种，以供参考。

表 4–2 不同人生阶段必备的不同保单

人生阶段	险 种
25 岁	意外、大病
结婚时	各自一份寿险，受益人互相写对方的名字
30 岁	养老
生小孩后	小孩的教育金和意外保险
购房时	一份与贷款相当金额的人寿保险
40 岁	一份追加的养老金
50 岁	遗产保险

2. 了解机构和代理人，落实品种

现在保险公司很多，根据自己的分析判断寻找一家最放心、最专业的保险公司，这个公司的资金要比较稳健，这样才容易得到赔付。

你所有的保险服务都是通过代理人来实现的，所以应选择优秀的保险代理人，确保周全的售后服务。另外，多数购买保险的人不了解保险，代理人还能够根据你的需求制订保险计划。

了解了机构和代理人之后，向对方咨询需求范围内最合适的保险品种、价格、政策等情况，确定最合适的保险组合。

3. 完善手续，及时付费

审视保险合同，详细了解相关的条款内容，签订保险合同，选择缴费方式，并开始缴保险费。填写的资料必须真实、准确，不得隐瞒和虚报，否则保险公司有权解除合同。投保以死亡为保险责任的保险必须征得被保险人同意并在保单上签字。投保人与被保人必须具有保险利益关系。

及时支付保险费用，以免发生不必要的麻烦。在缴费方式选择上，需结合家庭当前和未来的现金流，如果家庭现金充足或收入高，可采用一次缴清；否则选择分期缴纳比较好，可减轻家庭的负担。

五、保险案例

以下有几个案例供大家了解与参考。

案例一：

李先生30岁，在一家民营企业上班，月收入5000元，刚喜获千金，面对小宝贝的到来，在喜悦之余，同时也觉得责任重大。那李先生该怎么办？

案例分析：

当一个天真可爱的小宝贝来到这个世界，父母肯定会尽量给小孩吃最好的、用最好的。在经济条件允许的情况下，父母首先应该为小宝贝购买一份保险，给小宝贝一份爱，一份保障。因此，李先生决定为小宝贝购买一份教育储蓄兼顾医疗保障的保险，并附加投保人豁免的保障。这样假如投保人李先生遇到意外事故或因重大疾病身亡，小宝贝的保险保费全免而且合同继续有效。针对这个案例我们还发现，李先生是一家之主，家庭的重担主要落在他的肩上，所以李先生更需要一份保障。李先生的月收入是5000元，住房是太太单位的集资建房，房款已付清。李先生每月个人支出 1500 元左右，家庭及小宝贝的支出约3000元，所以，李先生每月的结余为500元。加上年底有双薪和年终奖，李先生一年的总结余约为20000元。根据这个情况，建议李先生年缴保费应控制在4000元以内，保险计划以储蓄分红产品为主，附加重大疾病、住院医疗以及意外伤害保险。缴费方式可以采取年缴或半年缴的方式。

案例二：

陈先生是个体老板，经营皮革生意，手下有20名员工，有自己的厂房，企业目前处于发展阶段，在银行贷款50万元。家有年迈的双亲和年幼的儿子，太太没有工作。

案例分析：

陈先生是个体老板，所以基本上没有任何保障，经营的皮革生意属于竞争较激烈风险较大的行业，手下有20名员工，陈先生是他们的衣食父母。家中有年迈的父母无任何保障和收入，年幼的儿子及太太也需要他的照顾。由此看出陈先生身负多重责任，如有任何闪失，不但要偿还银行贷款，更要解决这么多人的生计问题。所以，陈先生的保险方案与案例一中李先生的情况大不相同。陈先生有50万元银行负债，有20名员工，按人均工资1500元/月计算，每月工资总支出3万元。陈先生的太太是全职太太，无经济收入，所以陈先生要养家，包括双亲、太太和小孩的各种费用，每月的支出总计约1万元。因此，建议陈先生的人寿险基本保额70万~80万元，提前给付重大疾病险保额50万元左右，意外伤害险保额50万元，并附加住院医疗保障和意外医疗保障。同时，陈先生可考虑为小孩购买一份教育储蓄附加医疗保障保险。陈先生还要根据营业状况为员工提供雇主责任保险。

案例三：

张先生是一位外企的白领，年薪10万元左右，公司为张先生购买了社会养老保险。张先生从事IT业，工作压力比较大，虽然年龄刚过30，已有常见的职业病。张先生新婚，贷款40元万购买了一套新房，现每月供房3000元。

案例分析：

张先生今年刚结婚，买房与布置新居用尽多年的储蓄。因此张先生急需为自己购买一份商业保险。上面已提到张先生的单位为张先生购买了社会养老保险。社保包括五方面的内容：工伤、医疗、养老、生育及失业。社保是国家强制企业为员工提供的基本社会保障。既然是基本保障，反过来说，也就是它的保障并不全面，保障额度也不够。社保中医疗对用药有一些限制，比如进口药、名贵药、补品等都不在报销范围内。而商业保险中医疗补偿就没有那么多限制。工伤保险要因工作引起的意外伤害才能获得赔偿，而且事故的发生必须在上班的途中或在工作中，其他情况一律不赔。而商业保险的意外伤害保险没有此限制。因此，建议张先生的保险方案是意外伤害保险加意外医疗保障，重大疾病保障，并附加住院医疗补偿（因为有社保医疗保障，保额不要太高）和津贴保障。保费应控制在5000~8000元。

案例四：

林女士是一家外资企业的华南区营销总监，月收入万元。因为工作要长期出差到外地，一个月大约要乘飞机两次，林女士的公司为她购买了社会养老保险。林女士已婚，丈夫是国家公务员，有一个10岁的小孩，生活过得很幸福。

案例分析：

林女士是一位成功白领，收入较高，生活较优越。林女士是企业的营销总监，经常出差加大了她的人身风险，所以林女士首先应为自己购买一份意外伤害保险。意外伤害保险的特点是保费低、保额高。对林女士来说可以轻松转移潜在的风险。另外，林女士可规划购买一份养老年金保险。社保的养老保险提供的只是基本的保障，不能满足高收入、高消费群体的养老的问题，这类人需要及早为自己规划养老问题。

案例五：

陈小姐是一家著名演艺公司的艺人，工作性质四处奔波。陈小姐年轻貌美，是新新人类，追求新鲜事物。

案例分析：

陈小姐的情况是时下“80后”的典型代表。他们的消费观念是“不要最好，只要最贵”。在他们心目中品牌至上，他们购买的产品的特点是“新、特、奇”，这类产品的价格当然也会比普通产品高几倍甚至十几倍。虽然陈小姐在同龄人中的收入是比较高的，但每到月底就囊中羞涩。因此，建议陈小姐做一个强制性的储蓄方案，采取月缴的方式购买一份储蓄保险。另外陈小姐因工作四处奔波，人身风险较大，保险方案要加上意外伤害保险。当然还要附加住院医疗保障。

案例六：

瞿先生是一家超市的送货员，年龄45岁，有两个女儿，大女儿16岁，小女儿12岁，太太在一个家政公司上班。瞿先生月收入2500元左右，现租房每月租金600元。

案例分析：

瞿先生的工作是送货员，每天都需开车出出进进送货，这必然导致潜在的风险。大女儿上初中，小女儿上小学，因为经济的原因两女儿现在老家的镇上读书，两女儿的学费加生活费每月约1000元，房租600元，再加上日常开销及生活费用，每月所剩无几。因此，瞿先生目前亟待解决的是先为自己购买意外伤害及附加意外医疗的保险组合。另外，瞿先生可根据自己的经济情况购买重大疾病保险和疾病医疗的保障。

案例七：

钟先生是政府的公务员，工作稳定，月收入6000元，且福利很好，单位不但为他购买了社会保险，同时还有公费医疗，表面上看钟先生对保险的需求不大。

案例分析：

情况表明钟先生已有很好的医疗保障，因此钟先生在医疗费用补偿方面可以选择不买或少买，但可以购买一些津贴型的保险。津贴型的保险可以弥补因住院停工造成的损失。另外，钟先生可以购买提前给付型的重大疾病保障，以防风险发生时有及时的治疗费。

案例八：

汪女士是一位自由职业者，她平时足不出户，通过网络销售饰品。她个人对女性饰品情有独钟，网络销售收入也不错。

案例分析：

汪女士虽然看起来外来风险很少，但由于没有固定的单位，也就没有了相对稳定的收入和基本的保障。针对这种情况汪女士可以从每月的收入中拿出小部分来为自己做一个养老储备，另外汪女士没有单位提供的社会保障，因此汪女士要为自己准备因疾病带来的医疗支出。

案例九：

钱先生是一位成功人士，他拥有一幢商业大厦，价值两亿元，拥有一间高档私人会所，在市内的繁华地段拥有两套住宅（价值300万元），一辆奔驰，一辆奥迪及两辆商务面包车。银行有上千万元的存款。钱先生有两个儿子和一个女儿，其中大儿子已开始工作，协助父亲打理公司的工作，小儿子和女儿还在国外读书。钱先生需要保险吗？

案例分析：

钱先生的事业已很成功，拥有几亿元资产，所以疾病的保障以及储蓄的功能已不重要。但针对即将出台的遗产税政策，保险可以为其合理有效地避税。在西方发达国家，遗产税已占到遗产总值的一半甚至更高。谁也不想把自己一生的积蓄分给别人一半，而保险会规避遗产税。钱先生同样需要保险。

上面的几个案例说明，生活中我们每个人都需要保险。不管是为自己还是为家人，我们都应该有所准备，做到未雨绸缪。只是每个人的需求不一样，状况也不一样，需求的保险产品也有所不同，建议朋友们购买保险一定要到保险专业机构找专业保险代理人购买。

第五章
股　票

“羊群效应是我们每一次投机能够成功的关键，如果这种效应不存在或相当微弱，几乎可以肯定我们难以成功。”

——乔治·索罗斯

第一节　股票投资不容易

小故事

股价是炒出来的?

华尔街流传着这样一个故事:

许多炒手不间断进行着一罐沙丁鱼罐头的交易，每次交易，一方都以更高的价格从对方手中买进这罐沙丁鱼罐头。不断交易下来，许多炒手均从中赚了不少钱。

有一天，其中一位炒手决定打开这罐沙丁鱼罐头看看，想了解一下为什么这罐沙丁鱼罐头会卖这么高的价格?结果他发现经过许多次转手的这罐沙丁鱼罐头已变质发臭。

他以此指责对方卖假货。对方回答他说:“谁要您打开它呢?这罐沙丁鱼罐头是用来做交易的，不是用来吃的!”

这个故事从一个侧面反映了股价和股票所代表价值的关系。股票的诱惑性、迷惑性不在于股票本身所具有的价值，而在于它给炒股者提供的幻想。

股票是股份证书的简称，是股份公司为筹集资金而发行给股东作为持股凭证并借以取得股息和红利的一种有价证券。每股股票都代表股东对企业拥有一个基本单位的所有权。股票是股份公司资本的构成部分，可以转让、买卖或作价抵押，是资本市场的主要长期信用工具。

一、股票怎么帮你赚钱

投资股票的获利来源主要有两个:一是投资者购买股票后成为公司的股东，他以股东的身份，按照持股的多少，从公司获得相应的股利，包括股息、现金红利和红股等;二是因持有的股票价格上升所形成的资本增值，也就是投资者利用“低价进高价出”所赚取的差价利润，这正是目前我国绝大部分投资者投资股票的直接目的。

1. 股利

股息是股东定期按一定的比率从上市公司分取的赢利，红利则是在上市公司分派股息之后按持股比例向股东分配的剩余利润。获取股息和红利是股民的基本经济权利。

（1）股利来源

税后利润既是股息和红利的唯一来源，又是上市公司分红派息的最高限额。

上市公司的税后利润分配顺序如下：

①弥补以前年度的亏损。

②提取法定盈余公积金。

③提取公益金。

④提取任意公积金。

⑤支付优先股股息。

⑥支付普通股股息。

因此，在上市公司分红派息时，其总额一般都不会高于每股税后利润，除非有前一年度节转下来的利润。由于各国的公司法对公司的分红派息都有限制性规定，如我国就规定上市公司必须按规定的比例从税后利润中提取资本公积金来弥补公司亏损或转化为公司资本，所以上市公司分配股息和红利的总额总是要少于公司的税后利润。

（2）股利的种类

股利一般有四种形式：现金股利、财产股利、负债股利和股票股利。

财产股利是上市公司用现金以外的其他资产向股东分派的股息和红利。它可以是上市公司持有的其他公司的有价证券，也可以是实物。

负债股利是上市公司通过建立一种负债，用债券或应付票据作为股利分派给股东。这些债券或应付票据既是公司支付的股利，又确定了股东对上市公司享有的独立债权。

现金股利是上市公司以货币形式支付给股东的股息红利，也是最普通最常见的股利形式，如每股派息多少元，就是现金股利。

股票股利是上市公司用股票的形式向股东分派的股利，也就是通常所说的送红股。采用送红股的形式发放股息红利实际上是将应分给股东的现金留在企业作为发展再生产之用，它与股份公司暂不分红派息没有太大的区别。股票红利使股东手中的股票在名义上增加了，但与此同时公司的注册资本增大了，股票的净资产含量减少了。但实际上股东手中股票的总资产含量没什么变化。

（3）股利的发放

一般来讲，上市公司在财会年度结算以后，会根据股东的持股数将一部分利润作为股息分配给股东。根据上市公司的信息披露管理条例，我国的上市公司必须在财会年度结束的120天内公布年度财务报告，且在年度报告中要公布利润分配预案，所以上市公司的分红派息工作一般都集中在次年的第二和第三季度进行。

在分配股息红利时，首先是优先股股东按规定的股息率行使收益分配，然后普通股股东根据余下的利润分取股息，其股息率则不一定是固定的。在分取了股息以后，如果上市公司还有利润可供分配，就可根据情况给普通股股东发放红利。

（4）影响股利发放的因素

①经营业绩

股东一年的股息和红利有多少要看上市公司的经营业绩，因为股息和红利是从税后利润中提取的。在一个经营财会年度结束以后，当上市公司有所赢利时，才能进行分红与派息。且赢利愈多，用于分配股息和红利的税后利润就愈多，股息和红利的数额也就愈大。

②股息政策

除了经营业绩以外，上市公司的股息政策也影响股息与红利的分配方法。在上市公司赢利以后，其税后利润有两大用途，除了派息与分红以外，还要补充资本公积金以扩大再生产。如果公司的股息政策倾向于公司的长远发展，就有可能少分红派息或不分红而将利润转为资本公积金。反之，派息分红的量就会大一些。

③国家税收政策

股息和红利的分配受国家税收政策的影响。上市公司的股东不论是自然人还是法人都要依法承担纳税义务，如我国就有明确规定，持股人必须缴纳股票收益（股息红利）所得税，其比例是根据股票的面额，超过一年期定期储蓄存款利率的部分要缴纳20%的所得税。

理财小提示

股票买卖与心理预期的关系

☛如果有人认为某股票的买价高于自己的预期价格，就会卖出该股票。

☛如果有人认为某股票的卖价低于自己的预期价格，就会买入该股票。

☛如果市场上大部分交易者都认为某股票的价格大大低于其价值，则该股票就会被无数的买盘将该股票的价格逐步推高，直至涨停。

☛如果市场上大部分交易者均认为某股票的价格大大高于其价值，则该股票必然被许多卖盘将该股票的价格一直往下打压，直至跌停。

☛如果市场上对某股票的价格分歧较大，该股票价格的市场表现就出现了上下波动的状态。

2. 股票价差

正常而言，上市公司的股利应该是股民投资上市公司的基本目的，但实际上股民基本上都将其忽略。

大多数股民真正追求的是股票交易的价差，正如本节开篇的小故事，人们关注的只是股价的变动，而不在乎股票内在的价值究竟有多少。

那么，为什么会产生股票交易的价差呢？其实答案非常简单：供需关系。当供大于求时，股价下跌；当供小于求时，股价上涨；当供求相当时，股价横盘波动。

再进一步追问，为什么供需关系会变化呢？答案同样非常简单：心理预期。当投资者对股票的未来预期变高的时候，需求就会增加；当投资者对股票的未来预期变低的时候，供给就会增加。由于市场上投资者的心理预期不一致，就导致了供需关系发生变化。

还是借用一个比喻来说明吧！

假设一头牛经过评估，它的现价为 1000 元。那么将这头牛注册成一家股份公司，发行 1000 股公司的股票，它的每股面值就是一元钱。由此可见，股票的诞生依赖于其所代表的企业的资产。

如果将这家公司的股票上市，你认为这家公司的股票值多少钱呢？这家公司的股票会以什么样的价格交易呢？这个连小学生都不会算错的题目在股市中就会走样了！因为股票一旦上市，股票的价格就由投资者的预期而不是股票的价值来决定了。

比如，有人会认为这头牛会老、会死，且它创造不了什么经济价值。因此，只能以一元或更低的价格交易。而有人则会想象这头牛每年会生10头小牛，而小牛长大后又会生小牛。并且，这些牛又会耕地又能产奶，即使这些牛老死后，其皮毛还能制成高档皮革。真是财源滚滚，永无止境！因此，该股票能以几十元甚至上百元的价格交易。

这样就导致了股票供求关系的不一致！

再假设，养这头牛的刘嫂或者所谓的专家学者，通过各种数据表格，说服股民们相信，这头牛是良种，其生育能力、产奶能力奇强，其皮毛质量极好，而刘嫂的经营管理能力又是特高。不仅如此，该公司还从事饲料购销、良种培育、高档绿色饮用品生产、科技皮革制作之类挑战性的业务。因此，公司未来将冲出亚洲走向世界，进入世界500强……这些美丽动人的篇章，使这家公司的股票即使被炒到上千元也不足为奇了。

这个比喻并非说明所有上市公司都徒有其表，没有任何投资价值（如果这样，巴菲特就找不到投资对象了），而是为了说明股价常常是因为投资者的心理预期而发生波动，导致股价偏离股票的价值（尽管长期而言，股价应该会回归价值）。

二、如何规避股票交易风险

“股市有风险，入市须慎重。”这句话很多股民都非常熟悉，但真正把它当回事儿的却没有几人。尤其是很多新股民（包括不少老股民），大都是抱着“到股市里面捡钱”的想法而入市的，对投资股票的风险几乎没有任何认识，非要等着市场来亲自给他们上一堂生动的风险课。

这里不再啰唆什么市场风险（又称系统风险）、非市场风险（又称非系统风险）之类的话。只是简单说一句“收益有多高，风险就有多大”绝对是投资中的至理名言。希望大家能够引起重视，在真正投资之前，认清风险，正视风险，树立风险意识，做好规避股票交易风险的准备工作。

1. 掌握必要的证券专业知识

炒股不是一门科学，而是一门艺术。但艺术同样需要扎实的专业知识和基本技能。你能想象一位音乐大师不懂五线谱吗？所以，花些时间和精力学习一些基本的证券知识和股票交易策略，才有可能成长为一名稳健而成功的股票投资人。否则，只想靠运气赚大钱，即使运气好误打误撞捞上一笔，不久也肯定会再赔进去。

2. 认清投资环境，把握投资时机

在股市中常听到这样一句格言："选择买卖时机比选择股票更重要。"所以，在投资股市之前，应该首先认清投资的环境，避免逆势买卖。否则，在没有做空机制的前提下，你选择熊市的时候大举进攻，而在牛市的时候却鸣金收兵，休养生息，不能不说是一种遗憾。

（1）宏观环境

股市与经济环境、政治环境息息相关。

当经济衰退时，股市萎缩，股价下跌；反之，当经济复苏时，股市繁荣，股价上涨。

政治环境亦是如此。当政治安定、社会进步、外交顺畅、人心踏实时，股市繁荣，股价上涨；反之，当人心慌乱时，股市萧条，股价下跌。

（2）微观环境

假设宏观环境非常乐观，股市进入牛市行情，那是否意味着随便建仓就可以赚钱了呢？也不尽然。尽管牛市中确实可能会出现鸡犬升天的局面，但是牛市也有波动。如果你入场时机把握不好，为利益引诱盲目进入建仓，却不知正好赶上了一波涨势的尾部，那么牛市你也会亏钱，甚至亏损得十分严重。

所以，在研究宏观环境的同时，还要仔细研究市场的微观环境。

3. 确定合适的投资方式

股票投资采用何种方式因人而异。一般而言，不以赚取差价为主要目的，而是想获得公司股利的多采用长线交易方式。平日有工作，没有太多时间关注股票市场，但有相当的积蓄及投资经验，多适合采用中线交易方式。空闲时间较多，有丰富的股票交易经验，反应灵活，采用长中短线交易均可。如果喜欢刺激，经验丰富，整天无事，反应快，则可以进行日内交易（中国实行 T+1，暂时无法进行日内交易）。

理论上，短线交易利润最高，中线交易次之，长期交易再次。

4. 制订周详的资金管理方案

俗语说："巧妇难为无米之炊。"股票交易中的资金，就如同我们赖以生存、解决温饱的大米一样。“大米”有限，不可以任意浪费和挥霍。因此，“巧妇”如何将有限的“米”用于“炒”一锅好饭，便成为极重要的课题。

股票投资人一般都将注意力集中在市场价格的涨跌之上，愿意花很多时间去打探各种利多利空消息，研究基本因素对价格的影响，研究技术指标作技术分析，希望能作出最标准的价格预测，但却常常忽略了本身资金的调度和计划。

其实，在弱肉强食的股市中，必须首先制订周详的资金管理方案，对自己的资金进行最妥善的安排，并切实实施，才能确保资金的风险最小。只有保证了资金风险最小，才能使投资者进退自如，轻松面对股市的涨跌变化。

5. 正确选择股票

选择适当的股票亦为投资前应考虑的重要工作。股票选择正确，则可能会在短期内获得赢利；而如果选择错误，则可能天天看着其他股票节节攀升，而自己的股票却如老牛拖车，甚至狂跌不止。

那么，如何选择上涨（中国无法做空）的股票呢？对于绝大多数投资者而言，基本上都是依靠基本面分析和技术分析来进行判断的。

第二节 基本面分析不可少

投资分析是证券投资的重要步骤，其目的是要选择合适的投资对象，抓住有利的投资机会，争取理想的收益。证券投资分析主要有基本面分析和技术分析两种。

所谓基本面，是指影响股票市场走势的一些基础性因素的状况。影响股市的基本因素，按性质不同可分为政治因素、经济因素、社会心理因素等；按影响范围不同，可分为宏观因素和微观因素；按来源不同，可分为国内因素和国际因素。政治因素主要是指影响政局稳定的一系列因素。社会心理因素主要是指影响人们心理预期的一系列因素。经济因素主要包括宏观经济形势、国家的各种政策、上市公司所属行业的发展状况、上市公司本身的发展情况以及股票“替代品”（债券、基金等）市场的走势等。一般情况下，股市同经济形势的联系最密切，同时经济因素对股市的作用力也最强。

基本面分析的理论依据是“股票价格是由股票价值决定的”，通过分析影响股票价格的基础条件和决定因素，判断和预测股票价格今后的发展趋势。

一、基本面分析的特点

基本面分析主要的优点在于它能较准确地把握股市走向，给投资者从事长线投资提供决策依据，而其缺点是分析时间效应长，对具体的入市时间较难作出准确的判断，要想解决此问题，还要靠技术分析的辅助。因此，基本面分析只适用于大势的研判，而不适用于具体入市时机的决断。

具体而言，基本面分析有如下几个特点。

1. 基本面分析是股市波动成因分析

基本面分析主要研究股市波动的理由和原因，因此就必须对各种因素进行研究，分析它们对股市的影响。如果股票市场呈现跌势，基本面分析就必须对近期股票市场的供求关系和影响因素作出合理的分析，并指明股市整体走向和个股的波动方向。由此可见，投资者可以借助基本面分析来解决买卖“什么”

的问题，以纠正技术分析可能提供的失真信息。

2. 基本面分析是定性分析

基本面分析主要研究各种可以量化的经济指标数据，但这些数据对股市的影响程度却难以量化，只能把它们对股市的影响方向加以定性。

另外，基本面分析不能解决入市时机的问题，只有在对股市及个股走势有了基本的判断之后，再结合技术分析，才有可能找出合适的入市时机。

3. 基本面分析是长线投资分析

基本面分析属于定性分析，侧重于大势的判断，得出的结论具有一定的前瞻性，对长线投资有一定的指导意义，目标是博取长期回报以及分享整体经济增长带来的成果，而非短线投机收益，所以它是长线投资分析工具。

依靠基本面分析从事长线投资的人，在决定购买某种股票之后，会持有相当长的时间，以求得该只股票带来的长线收益。只有当宏观经济形势发生变化或该个股发行企业经营状况发生重大变化后，投资者才会改变投资策略。

二、基本面分析的内容

1. 宏观经济形势分析

从长期和根本上看，股票市场的走势是由一国经济发展水平和经济景气状况所决定的，股票市场价格波动也在很大程度上反映了宏观经济状况的变化。从国外证券市场历史走势不难发现，股票市场的变动趋势大体上与经济周期相吻合。

但是，股票市场的走势与经济周期在时间上并不是完全一致的。通常，股票市场的变化具有一定的超前性，因此股市价格被称作是宏观经济的“晴雨表”。另外，宏观经济形势对股市的影响程度还受股市发育程度制约。一般而言，股市越成熟，经济波动对其影响就越大；反之，影响则越小。

分析宏观经济形势对股市的影响，首先就要对宏观经济的运行状态进行分析，而完成这一任务就要分析各种经济指标。反映宏观经济发展状况的指标主要有：经济增长率、固定资产投资规模及其发展速度、失业率、物价水平、进出口额等。在这些指标中，有些指标的升降对股市涨跌有正向影响，有些指标的升降对股市涨跌有负向影响。

2. 宏观经济政策分析

宏观经济政策主要包括货币政策和财政政策。

货币政策是国家调控国民经济运行的重要手段，它的变化对国民经济发展速度、就业水平、居民收入、企业发展等有直接影响，进而对股市产生较大影响。当国家为了控制通胀而紧缩银根时，利率就会上升。一般情况下，利率上升，股价下跌；相反，利率下降，股价上升。货币政策主要有利率政策、汇率政策、信贷政策等。

财政政策也是国家调控宏观经济的手段。一般来说，财政政策对股市的影响不如货币政策那样直接，但它可以先影响国民经济的运行，然后再间接地影响股市。另外，财政政策中关于证券交易税项调整措施本身就是股票市场调控体系的组成部分，其对股市的影响力较大。财政政策主要包括公共支出政策、公债政策、税收政策等，这些政策的变化对股市有着直接或间接的影响，是进行基本面分析时要注意的重要问题。

3. 行业与板块分析

行业与板块分析是介于宏观经济分析和上市公司分析之间的中间层次分析。

（1）行业分析

行业分析的主要内容包括行业的市场类型分析、行业的生命周期分析、行业的变动因素分析等。

行业的市场类型分析侧重于行业的竞争程度分析。竞争程度越是激烈的行业，其投资壁垒越低，进入成本低，但风险大；竞争程度低的行业，风险小，利润丰厚，但投资壁垒高，进入成本高。

行业的生命周期分析主要是对行业所处生命周期的不同阶段进行分析，行业的生命周期分为四个阶段：初创期、成长期、稳定期和衰退期。当行业处于稳定阶段时，涉足该行业的公司股票价格往往会处于稳中有升的状态；当行业处于成长阶段时，股市不太稳定，有大起大落的可能；当行业处于衰退期时，股票价格会下跌。

行业的变动分析主要是指政府有关产业政策变动分析和相关行业发展变化分析。

（2）板块分析

板块分析主要是分析区域经济因素对股票价格的影响。由于我国幅员辽阔，各地区经济发展水平很不平衡，而上市公司在一定程度上又受区域经济的影响，从而形成股市中的“板块”行情，所以，对这些股票的分析一定要结合当地的经济形势进行。

4. 上市公司分析

上市公司是股票的发行主体，分析股价的变化趋势就要分析上市公司的一些具体情况，如公司的竞争能力、赢利能力、经营管理能力、科研能力、产品的市场占有率、发展潜力以及财务状况等。只有通过对这些方面的分析研究，才能发现某只股票的潜在投资价值。

财务分析是基本分析中最重要的一环，它主要是通过对上市公司的有关财务数据资料进行比较分析，以了解其当前的财务状况，预测其发展趋势，确定该公司的成长潜力。财务分析的对象主要有资产负债表、利润表、现金流量表等。财务分析方法主要有财务比率分析法和比较分析法等。财务分析的主要内容有公司资本结构、公司偿债能力、公司经营能力、公司获利能力、股东权益保障能力等。

5. 其他因素分析

除了经济因素影响股市外，社会因素、政治因素、自然因素等也会影响股市的走势。例如，社会稳定与否会对股市有极大的心理影响，政局不稳和战争爆发对股市都是负面影响，自然灾害往往也会引起股市的大跌。

可以说社会、政治、经济等因素的任一变化都会引起股市或大或小的波动，因此要较全面地认识股市变化规律，就要尽量把诸多因素都考虑进去。

三、基本面分析的过程

1. 信息收集

现在是信息爆炸的时代，每天我们要面对巨量的信息。如果不能去芜存菁，那么就会被淹没在无边的信息之中，茫茫然而不知所措。

所以，要进行基本面分析，就必须根据自己的需要对各类信息进行分类整理，以便从浩瀚的信息中收集某一类或某几类有用的信息。

2. 信息分析

收集整理好所需要的信息之后，就要对这些信息进行识别、加工和处理，以供投资决策之用。

（1）信息识别

信息识别是信息分析的重要组成部分，它就是对信息材料的真伪进行判断，以达到去伪存真的目的。投资者要想获得较为准确的信息，就必须不断地提高自己的判断分析能力，同时还要学会从不同的角度去考证同一信息的真伪。

（2）研究经过筛选后的信息

首先，对筛选后的信息再次进行细分，把对股市影响最直接、力度最大的信息放在优先考虑的位置，如上市公司的有关财务信息、所处行业的发展近况、规范证券市场运行的最新法规政策等。

其次，分析这些信息各自对股票价格走势的影响方向和影响程度，找出它们与股市价格变化之间的因果逻辑关系。

3. 作出结论

在找到有关信息与股票价格变动关系后，就要作出结论，以指导下一步的投资活动。

4. 结论的修正

结论准确与否总是与投资者掌握信息的多寡及质量有关。有时，分析建立在极少量信息材料基础之上，依此而得出的结论就有可能是错误的。在投资过程中，当发现分析结果与股市变动趋势有出入时，投资者就需要进一步收集有关资料，对前期结论进行纠正，以修正原来的投资计划。

实际上，基本面分析是一个连续过程：收集信息→分析→结论→再收集→再分析→修正结论……只有在这种不断循环往复之中，才能去伪存真，得到真实的信息，并作出比较准确的结论。

第三节　切勿迷信技术分析

小故事

技术分析不是万能的

麦基尔在他的《漫步华尔街》中曾描述了一个经典实验：他要求学生们构建一只普通的股价走势图，显示一只初始价格为50美元的假想股票的价格变动情况。对于以后相继的每一个交易日，股票的收盘价都用掷硬币的结果决定。如果掷出的是“正面”，那么股票的收盘价就比前一交易日高出0.5个百分点；反之，如果掷出的是“背面”，那么就比前一个交易日低0.5个百分点。

结果，与一般的股票走势图相比，得到的“走势图”简直到了以假乱真的程度，甚至看上去还有一定的周期性，既有“头肩底”形态，也有“三重顶”和“三重底”形态。作者把其中一张学生描制的“走势图”给一位技术分析师看。那位分析师一看，简直欣喜若狂。“上帝啊！这究竟是哪家公司？”他惊呼道，“我们得立刻买进，这张图实在太经典了！这只股票保证下个星期能大涨15个点。”当作者残忍地告诉他这幅图只不过是取自抛硬币的结果的时候，分析师就不再那么友好了。

麦基尔不是完全否定“技术分析”和“基本分析”的有效性，历史规律和定价原理一定程度上是有用的。他只是想说明，有时候花大力气去研究“走势”，研究“基本面”，也许不如一只猩猩随便向《华尔街日报》的证券版投掷几只飞镖选出的“投资组合”更有效。

技术分析是通过图表、技术指标的记录，研究市场过去及现在的行为反应，以推测未来价格的变动趋势的方法。技术分析只关心证券市场本身的变化，而不考虑会对其产生某种影响的经济、政治等方面的各种外部因素。

技术分析有以下几个特点：首先，技术分析是对股票价格变化本身的分析，不考虑价格变化的背后原因。其次，技术分析着眼于过去，通过对历史数据及价格变化的分析来预测股票价格的未来走向。最后，技术分析主要是对股市短期波动进行分析。

由于技术分析考虑问题的范围较窄,对股市长期趋势不能进行有效的判断，所以，一般来说，技术分析只适用于短期行情分析。要想对股市有较全面的分析和较准确的判断，仅靠技术分析远远不够，还必须借助基本面分析方法等。

一、技术分析的三个前提

技术分析的有关理论建立在三个假设前提之上。

1. 价格已综合了各类信息

这个假设认为，影响股票市场价格走势的所有信息都已反映在价格的变化之中，也即任何时点上的价格水平都是各类信息综合作用的结果，因此投资者只需研究价格变化就够了，无须具体分析价格波动的背后原因。

在一定条件下，各种技术分析指标之所以能起到指导人们交易的作用，是因为它们已如实地“记录”了市场参与者的行为，也就是市场行为与图表形态及技术指标变化之间存在一一对应的关系，有什么样的市场行为就有什么样的图表形态及指标变化特征。

2. 股市存在趋势运动

这个假设认为，市场价格变化有规律可循，在没有遇到外力作用的情况下，价格原来的变化趋势不会改变。技术分析的原本要义就是通过相关分析，以确定价格趋势的早期形态，使投资者可以顺势而为。

3. 历史会重演

这个假设认为，股票市场的价格走势与人的心理因素有关。尽管投资者进入股市的时机不同，资金规模也有大小之分，但他们的动机却是相同的，即都是为了使投资利润最大化。对绝大多数进入股市的人来说，这一动机永远不会改变。在股票市场中，从事交易的人还要受心理预期因素的影响，在心理因素的作用下，交易者会形成一种相同的行为模式，并导致历史的重演。只要市场氛围相同或相似，过去出现过的价格走势或变动方式，今后还会不断出现。

二、技术分析的原则

（1）技术分析只是一种工具，而不是百试百灵的。在技术分析过程中，往往受各种主客观因素影响而产生偏差，因此要站在一个高的起点运用技术分析。如果受技术分析所局限，容易产生错误引导。

（2）技术分析得出的结果，只是表明市场有产生这个结果的可能性，或这种可能性很大。例如，大盘经过长期调整后，产生反弹还是反转，要视整个市场在这个阶段是否有反转的可能性。如果无反转的可能性，则只能是反弹。

（3）市场永远是对的，不要与市场作对。市场的走势往往有其自身的规律，存在这种走势即是合理的。简单地说，就是不要逆市而为，要顺应市场的方向去操作。

（4）当市场未发生明显反转的技术信号时，尽量不操作，在市场产生一个趋势（上升或下跌）时进行操作。

（5）市场的规律总在不断变化，技术分析的方式方法也在不断变换。当大多数人都发现了市场的规律或技术分析的方法时，这个市场往往会发生逆转。

（6）不可忽略基本面分析，而只进行单纯的技术分析。技术分析往往只有短期的效果，而基本面分析发掘的是上市公司内在的潜质，具有中长期阶段性的指导意义。

（7）避免用单一技术指标进行分析，每一个技术指标都有自己的优缺点。在进行技术分析的时候，要考虑多项技术指标的走势，同时结合具体走势进行分析理解。高水平的技术分析还要结合波浪理论、江恩循环理论、经济周期理论等作为指导性分析工具。

（8）留意技术指标有较大的人为性。强庄股往往有反技术操作的特点，目的是将技术派人士尽数洗出或套牢。

（9）成交量有重大意义，要密切关注。主力庄家的每一个市场行为均与成交量有关，如拉高建仓抢货、短线阶段性派发、阶段性反弹、打压吸筹、规模派发等。如果高位出现放量，往往市场将发生转变，应果断离场，而在底部放量抢货时就应果断介入。

三、如何做技术分析

1. 技术分析的起点：学会看图

技术分析的第一步是要学会看图。图表的类型很多，但是都大同小异。最基本和常用的是阴阳蜡烛图。

如图 5–1 所示，一根棒线表明一个时间段。如果选择 30 分钟图，则一根棒线表明 30 分钟的交易；如果选择日线图，则一根棒线表明一天的交易。阴柱表明下跌，即收盘价低于开盘价；阳柱表明上涨，即收盘价高于开盘价。棒线实体部分的上下两条边表示该时间段的开盘价和收盘价，实体上部和下部的垂直线影线分别代表该时间段的最高价和最低价。

图 5–1　蜡烛图

通过对蜡烛图的形态分析，可以判断行情什么时候将反转。如果能够在一波上升行情中判断出最早何时将调头向下，那么就可以第一时间做空赚取更大收益；同样，在一波下跌行情中判断出最早何时将企稳反弹，那么就可以第一时间做多。这样，可以保证投资者占尽先机。

另外，通过对蜡烛图的形态进行分析，可以判断行情在什么情况下会延续。如果掌握这些形态，可以更好地顺势交易，持有有利单时也会更加充满信心的持有，甚至途中加仓来使收益更大。

2. 技术分析的第二步：看趋势

技术分析的第二个关键，就是要学会画趋势线。然后，通过趋势线寻找阻力位和支撑位。支撑位是指存在较大支撑的价位，股价下跌到该价位附近时容易企稳反弹；阻力位是指存在较大压力的价位，股价上升到该价位附近时容易遇阻回落。

画趋势线是计算支撑位和阻力位的主要方法，也可以结合技术指标，如黄金分割位、均线系统、布林通道等。

那么，如何画趋势线呢？

在上升趋势中，将两个上升的低点连成一条直线，就得到上升趋势线。在下降趋势中，将两个下降的高点连成一条直线，就得到下降趋势线。为了使画出的趋势线在今后分析市场走势时具有较高的准确性，我们要用各种方法对画出的试验性趋势线进行筛选，去掉无用的，保留确实有效的趋势线。

要得到一条真正起作用的趋势线，要经多方面的验证才能最终确认，不合条件的一般应予以删除。

首先，必须确实有趋势存在。也就是说，在上升趋势中，必须确认出两个依次上升的低点；在下降趋势中，必须确认两个依次下降的高点，才能确认趋势的存在，连接两个点的直线才有可能成为趋势线。

其次，画出直线后，还应得到第三个点的验证才能确认这条趋势线是有效的（如图 5-2 所示）。一般来说，所画出的直线被触及的次数越多，其作为趋势线的有效性越被得到确认，用它进行预测越准确有效。

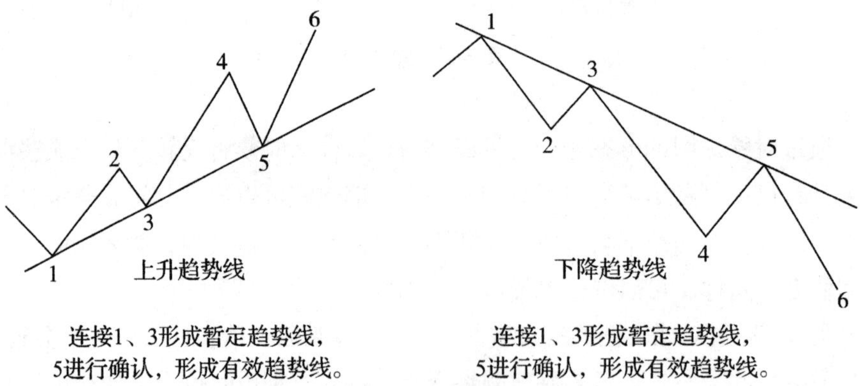

图 5-2　上升趋势线和下降趋势线

此外，我们还要不断地修正原来的趋势线，例如，当股价跌破上升趋势线后又迅速回升至这条趋势线上面，分析者就应该利用第一个低点和最新形成的低点重新画出一条新线，又或是从第二个低点和新低点修订出更有效的趋势线。

3. 技术分析的第三步：活用技术指标

技术指标要考虑市场行为的各个方面，建立一个数学模型，给出数学上的计算公式，从而得到一个体现股票市场的某个方面内在实质的数字。这个数字叫做指标值。指标值的具体数值及相互间的关系直接反映股市所处的状态，为我们的操作行为提供指导方向。指标反映的东西大多是不能直接从行情报表中看到的。

目前，证券市场上的各种技术指标数不胜数。如相对强弱指标（RSI）、随机指标（KD）、趋向指标（DMI）、平滑异同平均线（MACD）、能量潮（OBV）、心理线（PSY）、乖离率（BIAS）等。这些都是很著名的技术指标，在股市应用中长盛不衰。另外，随着时间的推移，新的技术指标还在不断涌现，如 DMA-EXPMA（指数平均数）、SAR（停损点）、CCI（顺势指标）、ROC（变动率指标）、BOLL（布林线）、WR（威廉指标）等。

经过这三步，就可以确认对市场趋势的判断。

第六章
债券、期货与外汇

在交易中，风险控制永远是第一位的，并贯穿交易的全过程。利润是风险控制的产品，而不是欲望的产品。从本质上讲，预测从属于主观。一切必须由市场来决定，市场永远是客观的，不以交易者的主观来决定，跟着市场行动，抛弃任何主观的东西，是成功交易者的前提。建立起你的交易系统，放弃预测，放弃恐惧，也放弃贪婪和欢喜，一切由你的交易系统决定出入市，从而达到无我、无欲、无喜、无忧、无恐惧的操盘境界。

——交易格言

第一节　长期投资看债券

债券是一种有价证券，是社会各类经济主体（包括政府、金融机构、各类工商企业）为筹措资金而向债券投资者出具的，并且承诺以一定利率定期支付利息和到期偿还本金的债权债务凭证。

购买债券实际上就是把钱借给债券的发行者，从这个意义上说，债券的性质跟借款收据是一样的。但是，债券通常有固定的格式，较为规范，因此持券人可以在债券到期前随时把债券卖给第三者，而借款收据就不能做到这一点。由于债券的利息通常是事先确定的，所以债券又被称为固定利息证券。

债券反映了一种法律和信用的经济权益关系，债务人有权利使用借款，但是也有按照约定条件偿还借款本金利息的义务。债权人拥有要求债务人履行义务的权利。

一、债券的特征

从投资者的角度看，作为一种重要的融资手段和金融工具，债券具有以下四个特征：偿还性、流动性、安全性、收益性。

1. 偿还性

债券一般都规定有偿还期限，发行人必须按约定条件偿还本金并支付利息。

2. 流动性

债券的流动性是指债券在偿还期限到来之前，可以在证券市场上自由流通和转让。一般来说，如果一种债券在持有期内不能够转化为货币，或者转化为货币需要较大的成本（如交易成本或者资本损失），这种债券的流动性就比较差。一般而言，债券的流动性与发行者的信誉和债券的期限紧密相关。

由于债券具有这一性质，保证了投资者持有债券与持有现款或将钱存入银行几乎没有什么区别。而且，目前几乎所有的证券营业部门或银行部门都开设债券买卖业务，且收取的各种费用都相应较低，方便债券的交易，增强了其流动性。

3. 安全性

债券的安全性主要表现在以下两个方面：一是债券利息事先确定，即使是浮动利率债券，一般也有一个预定的最低利率界限，以保证投资者在市场利率波动时免受损失；二是投资的本金在债券到期后可以收回。

虽然如此，债券也有信用风险及市场风险。

信用风险或称不履行债务的风险，是指债券的发行人不能充分和按时支付利息或偿付本金的风险，这种风险主要取决于发行者的资信程度。信用等级高，信用风险就小。信用风险对于每一个投资者来说都是存在的。一般来说，政府的资信程度最高，其次为金融公司和企业。

市场风险是指债券的市场价格随资本市场的利率上涨而下跌。当利率下跌时，债券的市场价格便上涨；而当利率上升时，债券的市场价格就下跌。债券的有效期越长，债券价格受市场利率波动的影响就越大。随着债券到期日的临近，债券的价格便趋于债券的票面价值。

4. 收益性

债券的收益性主要体现在两个方面：一是投资债券可以给投资者定期或不定期地带来利息收入；二是投资者可以利用债券价格的变动，买卖债券赚取差额。但主要体现为利息。

因债券的风险比银行存款要大，所以债券的利率也比银行高。如果债券到期能按时偿付，购买债券就可以获得固定的、一般是高于同期银行存款利率的利息收入。

债券的偿还性、流动性、安全性与收益性之间存在着一定的矛盾。一般来讲，一种债券难以同时满足上述的四个特征。如果债券的流动性强，安全性就强，人们便会争相购买，于是该种债券的价格就上升，收益率下降；反之，如果某种债券的流动性差，安全性低，那么购买的人就少，债券的价格就低，其收益率就高。对于投资者来说，可以根据自己的财务状况和投资目的来对债券进行合理的选择与组合。

二、债券的基本要素

1. 票面价值

债券的票面价值包括票面货币币种和票面金额两个因素。

债券票面价值的币种即债券以何种货币作为其计量单位，要依据债券的发行对象和实际需要来确定。若发行对象是国内的有关经济实体，可以选择本币作为债券价值的计量单位；若发行对象是国外的有关经济实体，可以选择发行地国家的货币或者国际通用货币作为债券价值的计量单位。

债券的票面金额要依据债券的发行成本、发行数额和持有者的分布来确定。

2. 偿还期限

偿还期限是指债券发行之日起到偿还本息之日的时间。一般可以分为三类：偿还期限在一年以内的是短期债券；偿还期限在一年以内十年以下的是中期债券；偿还期限在十年以上的是长期债券。

债券期限的长短主要取决于债务人对资金的需求、利率变化趋势、证券交易市场的发达程度等因素。

3. 票面利率

票面利率是指债券的利息与债券票面的比率，它会直接影响发行人的筹资成本。

影响债券利率高低的因素主要有银行利率、发行者的资信状况、债券的偿还期限以及资本市场资金的供求状况。

4. 付息方式

付息方式分为一次性付息与分期付息两大类。一次性付息有三种形式：单利计息、复利计息、贴现计息。分期付息一般采取按年付息、半年付息和按季付息三种方式。

5. 债券价格

债券价格包括发行价格和交易价格两种。

债券的发行价格是指债券发行时确定的价格,可能不同于债券的票面金额。当债券的发行价格高于票面金额时，称为溢价发行；当债券的价格低于票面金额时，称为折价发行；当两者相等时，称为平价发行。选择何种方式取决于二级市场的交易价格以及市场的利率水平等。

债券的交易价格是指债券离开发行市场进入交易市场时采用的价格，由利率以及二级市场上的供求关系来决定，通常与票面价值是不同的。

6. 偿还方式

偿还方式分为期满后偿还和期中偿还两种。主要方式有：选择性购回，即有效期内，按约定价格将债券回售给发行人。定期偿还，即债券发行一段时间后，每隔半年或一年，定期偿还一定金额，期满时还清剩余部分。

7. 信用评级

信用评级即测定因债券发行人不履约，而造成债券本息不能偿还的可能性。其目的是把债券的可靠程度公诸投资者，以保护投资者的利益。

三、债券的分类

债券的种类名目繁多，按不同的标准可划分出许多类别的债券。另外，随着人们对融通资金需要的多元化，不断会有各种新的债券形式产生。目前，常见的债券类型主要有七种，如表 6-1 所示。

表 6-1 债券的常见类别

分类标准	债券种类
按发行主体分类	政府债券、金融债券、公司债券、国际债券
按偿还期限分类	短期债券、中期债券、长期债券、永久债券
按利息的支付方式分类	附息债券、贴现债券（又称贴水债券）
按债券的利率浮动与否分类	固定利率债券、浮动利率债券
按是否记名分类	记名债券、不记名债券
按有无抵押担保分类	信用债券（也称无担保债券）、担保债券
按债券本金的偿还方式分类	期满偿还债券、期中偿还债券、延期偿还债券

四、债券的投资策略

债券投资策略可以分为消极型投资策略和积极型投资策略两种，每位投资者可以根据自己资金的来源和用途来选择适合自己的投资策略。具体来说，在决定投资策略时，投资者应该考虑自身整体资产与负债的状况以及未来现金流的状况，以期达到收益性、安全性与流动性的最佳结合。

一般而言，投资者应在投资前认清自己，明白自己是积极型投资者还是消极型投资者。决定投资者类型的关键并不是投资金额的大小，而是他们愿意花费多少时间和精力来管理自己的投资。积极型投资者一般愿意花费时间和精力管理他们的投资，通常他们的投资收益率较高；而消极型投资者一般只愿花费很少的时间和精力管理他们的投资，通常他们的投资收益率也相应较低。

1. 消极型投资策略

大多数投资者都是消极型投资者，因为他们都缺少时间和必要的投资知识。消极型投资策略是一种不依赖市场变化而保持固定收益的投资方法，其目的在于获得稳定的债券利息收入和到期安全收回本金。因此，消极型投资策略也常常被称作保守型投资策略。

（1）购买持有法

购买持有法，是指在对债券市场上所有的债券进行分析之后，根据自己的爱好和需要，买进能够满足自己要求的债券，并一直持有到到期兑付之日，在持有期间并不进行任何买卖活动。

这是最简单的债券投资策略，也是大多数投资者所采用的投资策略。

（2）梯形投资法

梯形投资法，又称等期投资法，就是每隔一段时间，在债券发行市场认购一批相同期限的债券，每一段时间都如此，接连不断，这样，投资者在以后的每段时间都可以稳定地获得一笔本息收入。

（3）三角投资法

三角投资法，就是利用债券投资期限不同所获本息和也不同的原理，使得在连续时段内进行的投资具有相同的到期时间，从而保证在到期时收到预定的本息和。这个本息和可能已被投资者计划用于某种特定的消费。

三角投资法和梯形投资法的区别在于，虽然投资者都是在连续时期（年份）内进行投资，但是这些在不同时期投资的债券的到期期限是相同的，而不是债券的投资期限相同。

2. 积极型投资策略

积极型投资策略，是指投资者着眼于债券市场价格变化所带来的资本损益，采用抛售一种债券并购买另一种债券的方式来获得差价收益的投资方法。这种方法要求投资者具有丰富的债券投资知识及市场操作经验，并且要支付相对比较多的交易成本。

（1）逐次等额买进摊平法

逐次等额买进摊平法，是指在确定购买某种债券后，选择一个合适的投资时期，在这一段时期中定量定期地购买，不论这一时期该债券价格如何波动都持续地进行购买，这样可以使投资者的每百元平均成本低于平均价格。运用这种操作法，每次投资时，要严格控制所投入资金的数量，保证投资计划逐次等额进行。

（2）金字塔式操作法

与逐次等额买进摊平法不同，金字塔式操作法实际是一种倍数买进摊平法。

当投资者第一次买进债券后，发现价格下跌时可加倍买进。在债券价格下跌过程中，每一次购买数量比前一次增加一定比例，这样就成倍地加大了低价购入的债券占购入债券总数的比重，降低了平均总成本。由于这种买入方法呈正三角形趋势，形如金字塔形，所以称为金字塔式操作法。

在债券价格上升时，运用金字塔式操作法买进债券，则需每次逐渐减少买进的数量，以保证最初按较低价买入的债券在购入债券总数中占有较大比重。

债券的卖出也同样可采用金字塔式操作法，在债券价格上涨后，每次加倍抛出手中的债券，随着债券价格的上升，卖出的债券数额越大，以保证高价卖出的债券在卖出债券总额中占较大比重而获得较大赢利。

运用金字塔式操作法买入债券，必须对资金做好安排，以避免最初投入资金过多，以后的投资无法加倍摊平。

第二节　期货交易风险高

一、什么是期货

期货，更准确地讲应该是期货合约，是指由期货交易所制定的在交易所内进行交易的标准化的、受法律约束并规定在未来某一特定时间和地点交割一定数量标的物的商品合约。

标的物又称基础资产，是指期货合约所对应的现货。现货可以是某种商品，如铜或原油；也可以是某个金融工具，如外汇、债券；还可以是某个金融指标，如三个月同业拆借利率或股票指数。

期货合约的买方，如果将合约持有到期，那么他有义务买入期货合约对应的标的物；而期货合约的卖方，如果将合约持有到期，那么他有义务卖出期货合约对应的标的物（有些期货合约在到期时不是进行实物交割而是结算差价，如股指期货到期就是按照现货指数的某种平均来对手中的期货合约进行最后结算）。当然，期货合约的交易者还可以选择在合约到期前进行反向买卖来冲销这种义务。

广义的期货概念还包括交易所交易的期权合约。大多数期货交易所同时上市期货与期权品种。

二、期货合约的组成要素和特点

1. 期货合约的组成要素

期货合约的组成要素包括：

（1）交易品种。

（2）交易数量和单位。如中国郑州商品交易所规定每张小麦合约单位为10吨。每个合约单位称之为1手。期货交易必须以“1手”的整数倍进行。不同交易品种每手合约的商品数量在该品种的期货合约中载明。

（3）最小变动价位。指该期货合约单位价格涨跌变动的最小值，报价须是最小变动价位的整倍数。

（4）每日价格最大波动限制。即涨跌停板，是指期货合约在一个交易日中的交易价格不得高于或低于规定的涨跌幅度。超过该涨跌幅度的报价将被视为无效，不能成交。当市场价格涨到最大涨幅时，我们称之为“涨停板”；反之，称之为“跌停板”。

（5）合约月份。

（6）交易时间。

（7）最后交易日。是指某一期货合约在合约交割月份中进行交易的最后一个交易日。

（8）交割时间。是指该合约规定进行交割的月份。期货合约具有不同的交割月份，交易者可自行选择，一旦选定之后，在交割月份到来之时如果仍未对冲掉手中合约，就要按交易所规定的交割程序进行现货交割。

（9）交割标准和等级。

（10）交割地点。期货交易所在期货合约中为期货交易的实物交割确定标准化的统一的交割仓库，以保证双方的交割顺利进行。

（11）交易保证金。是交易所要求投资者为确保履约提供的财力担保，是投资者对其所持交易部位负责所表示的信誉，交存在其账户上的一笔资金。按照性质不同，保证金分为交易保证金、结算保证金和追加保证金三种。交易保证金是指投资者在交易所专用结算账户中确保履约的资金，是已被合约占用的保证金；结算保证金是投资者在交易所专用结算账户中除去已在交易所占用的交易保证金后的剩余部分；追加保证金是指如果投资者账户当日权益小于持仓保证金，意味着资金余额是负数，同时也意味着保证金不足，按照规定，期货经纪公司会通知账户所有人在下一交易日开市之前将保证金补足。

（12）交易手续费。

举例如表 6-2 所示。

表 6-2　小麦期货合约

交易品种	小　麦
交易代码	WT
交易单位	10 吨/手
报价单位	元/吨
交割月份	1、3、5、7、9、11
最小变动价位	1 元/吨
每日价格最大波动限制	不超过上一交易日结算价 ± 3%
最后交易日	合约交割月份的倒数第七个交易日
交易时间	每周一至周五上午 9：00~11：30，下午 1：30~3：00
交易手续费	2 元/手（含风险准备金）
交易保证金	合约价值的 5%
交割日期	合约交割月份的第一交易日至最后交易日
交割品级	标准品：二等冬白小麦符合 GB 1351—1999 替代品：一、三等硬冬白小麦符合 GB 1351—1999
交割地点	交易所指定交割仓库
交割方式	实物交割
上市交易所	郑州商品交易所

2. 期货合约的主要特点

期货合约的交易品种、数量、质量、等级、交货时间、交货地点等条款都是既定的，是标准化的，唯一的变量是价格。期货合约的标准通常由期货交易所设计，经国家监管机构审批上市。

期货合约是在期货交易所组织下成交的，具有法律效力，而价格又是在交易所的交易厅里通过公开竞价方式产生的；国外大多采用公开叫价方式，而我国均采用电脑交易。

期货合约的履行由交易所担保，不允许私下交易。

期货合约可通过交收现货或进行对冲交易来履行或解除合约义务。

三、期货交易的基本程序

期货交易是在现货交易的基础上发展起来的，是指交易双方在期货交易所买卖期货合约的交易行为。期货交易的对象并不是标的物的实体，而是标的物的标准化合约。期货交易的目的是为了转移价格风险或获取风险利润。

1. 期货交易的特点

（1）以小博大

杠杆原理是期货投资的魅力所在。期货市场里交易无须支付全部资金，目前国内期货交易只需要支付5%的保证金即可获得未来交易的权利。

由于保证金的运用，原本行情被以十余倍放大。假设某日铜价格涨停（期货里涨停仅为上个交易日的3%），如果我们操作正确，资金的利润率达到60%（3%÷5%）。当然，如果操作错误，损失也被放大，所以说期货交易风险高。

（2）交易便利

由于期货合约中主要因素（如商品质量、交货地点等）都已标准化，合约的互换性和流通性较高。另外，期货是“T+0”的交易，你可以随时交易，随时平仓，使资金的应用达到极致。

（3）信息公开，交易效率高

期货交易通过公开竞价的方式使交易者在平等的条件下公平竞争。同时，期货交易有固定的场所、程序和规则，运作高效。

（4）双向操作

期货交易可以双向交易，既能做多也能做空。价格上涨时可以低买高卖，价格下跌时可以高卖低补。做多可以赚钱，做空也可以赚钱，所以说期货无熊市。

（5）合约的履约有保证

期货交易达成后，需通过结算部门结算、确认，无须担心交易的履约问题。

期货交易的费用低：对期货交易国家不征收印花税等税费，唯一费用就是交易手续费。国内三家交易所目前手续费在万分之二、万分之三左右，加上经纪公司的附加费用，单边手续费亦不足交易额的千分之一。

（6）期货是零和市场

期货市场本身并不创造利润。在某一时段里，不考虑资金的进出和提取交易费用，期货市场总资金量是不变的，市场参与者的赢利来自另一个交易者的亏损。

2. 期货交易程序

（1）选择期货经纪公司

选择期货经纪公司时，要考虑如下一些因素：

①资本雄厚、信誉好。

②联系方便及时，服务质量好。

③能主动向客户提供各种详尽的市场信息。

④主动向客户介绍有利的交易机会，并且诚实可信、稳健谨慎，有良好的商业形象。

⑤收取合理的履约保证金。

⑥合理、优惠的佣金。

⑦能为客户提供理想的经纪人。

（2）开户

客户选择一个期货经纪公司，在该经纪公司办理开户手续。当客户与经纪公司的代理关系正式确立后，就可根据自己的要求向经纪公司发出交易指令。

开户的基本程序如下：

①提供有关文件、证明材料。

②在准确理解《风险揭示声明书》和《期货交易规则》的基础上，在《风险揭示声明书》上签字、盖章。

③与期货经纪机构共同签署《客户委托合同书》，明确双方权利义务关系，正式形成委托关系。

④期货经纪机构为客户提供专门账户，供客户从事期货交易的资金往来，该账户与期货经纪机构的自有资金账户必须分开。客户必须在其账户上存有足额保证金后，方可下单。

（3）入市交易准备

在入市交易之前，应做好以下一些准备工作。

①心理上的准备。期货价格无时不刻不在波动，因此入市前做好盈亏的心理准备十分必要。

②知识上的准备。期货交易者应掌握期货交易的基本知识和基本技巧，了解所交易商品的交易规律，正确下达交易指令，使自己在期货市场上处于赢家

地位。

③市场信息上的准备。在期货市场这个完全由供求法则决定的自由竞争市场上，信息显得异常重要。谁能及时、准确、全面地掌握市场信息，谁就能在竞争激烈的期货交易中获胜。

④拟订交易计划。为了将损失控制到最小，使赢利更大，就要有节制地进行交易。入市前有必要拟订一个交易计划，作为参加交易的行为准则。

四、期货交易的风险

1. 期货交易的风险类型

（1）不可控风险

不可控风险是指风险的产生与形成不能由风险承担者所控制的风险。交易者能否有效地规避不可控的风险，关键在于其对时事、政治乃至天气预报的了解程度。

①宏观环境变化的风险

这类风险是通过影响商品供求关系进而影响相关期货品种的价格而产生的。

具体有因不可抗力的自然因素变动而引起的风险，以及由于政治因素、经济因素和社会因素等变化而引起的风险。这些因素的变动，影响交易者对交割的合理预期，尤其是突发性或偶然性事件的发生，会扰乱正常的商品供求规律，使期货市场产生剧烈振荡，带来很大风险，如异常恶劣的气候状况、突发性的自然灾害及一个国家政局的动荡等。

②政策性风险

管理当局根据期货市场发展的特定阶段通过制定、颁布、实施政策，加强对期货市场的宏观管理。政策是否合理，在很大程度上决定于管理当局对期货市场的认识程度。因此，政策的实施、变动带有很大的主观性。如果政策不合理、政策变动过频或者政策发布缺乏透明度等，都可能在不同程度上对期货市场的相关主体直接或间接地产生影响，造成不可预期的损失，进而引发风险。

（2）可控风险

可控风险是指交易者通过采取措施，可以控制或管理的风险。对交易者而言，可控的期货交易风险主要包括如下一些。

①经纪委托风险

经纪委托风险是指客户在选择期货经纪公司交易过程中所产生的风险。客户在选择期货经纪公司时应对期货经纪公司的规模、资信、经营状况等对比选择，确立最佳选择后与该公司签订《期货经纪合同》。如果选择不当，就会给客户将来的业务带来不便和风险。

②流动性风险

流动性风险是指由于市场流动性差，期货交易难以迅速、及时、方便地成交所产生的风险。

③强平风险

期货交易实行由期货交易所和期货经纪公司分级进行的每日结算制度。在结算环节，由于期货经纪公司根据交易所提供的结算结果每天都要对交易者的盈亏状况进行结算，所以当期货价格波动较大，保证金不能在规定时间内补足的话，交易者可能面临被强行平仓的风险。

④交割风险

期货合约到期后，所有未平仓合约都必须进行实物交割。因此，不准备进行交割的客户应在期货合约交割月到来之前将持有的未平仓合约及时平仓，以免承担交割责任。

2. 为什么期货交易风险高

期货交易的风险之所以比较高，主要有以下五方面原因：

①参与期货交易的商品通常是价格波动频繁的商品，期货价格易与现货价格产生强烈的共振，扩大风险面，加剧风险度。

②期货交易具有以小博大的特征，增加了风险产生的可能性。

③期货交易不同于一般的现货交易，期货交易是连续性的合约买卖活动，风险易于延伸，引发连锁反应。

④期货交易量大，风险集中，造成的盈亏大。

⑤期货交易未来不确定因素多，预测难度大。

期货交易的风险高并不仅仅意味着发生损失的可能性大，同时也意味着机会和获取高额利润的可能性大，即高收益与高风险并存。期货交易的这种风险与机会的共生性，是产生期货投机的动力。另外，期货交易的高风险性也给投机者带来压力，促使交易者提高自身素质，规范交易行为，把风险降到最低限度。

理财小提示

保证金制度

在期货交易中，任何一个交易者必须按照其所买卖期货合约价值的一定比例（通常为 5%~10%）缴纳少量资金，作为其履行期货合约的财力担保，然后才能参与期货合约的买卖，并视价格变动情况确定是否追加资金。这种制度就是保证金制度，所缴的资金就是保证金。

保证金的收取是分级进行的，可分为期货交易所向会员收取的保证金和期货经纪公司向客户收取的保证金，即分为会员保证金和客户保证金。保证金应当以货币资金缴纳，可用上市流通国库券、标准仓单折抵期货保证金。

客户保证金的收取比例由期货经纪公司自主规定，但有关法规规定不得低于交易所对会员收取的交易保证金。该保证金属于客户所有，期货经纪公司除按照中国证监会的规定为客户向期货交易所交存保证金，进行交易结算外，严禁挪作他用。

当每日结算后客户保证金低于期货交易所规定或双方约定的保证金水平时，期货经纪公司应当按规定向客户发出保证金追加通知。客户应在规定时间内补齐保证金缺口。

第三节　外汇交易真不错

外汇交易就是一国货币与另一国货币进行兑换。外汇交易是世界上最大的交易，每天成交额逾 15000 亿美元。与其他金融市场不同，外汇市场没有具体地点，也没有中央交易所，而是通过银行、企业和个人间的电子网络进行交易。由于缺少具体的交易所，因此外汇市场能够 24 小时运作。在交易过程中的讨价及还价，则经由各大信息公司传递出来，各投资者实时得知外汇交易的行情。

一、外汇及汇率

1. 外汇

外汇有动态和静态两种含义。

动态意义上的外汇，是指人们将一种货币兑换成另一种货币，清偿国际间债权债务关系的行为。这个意义上的外汇概念等同于国际结算。

静态意义上的外汇又有广义和狭义之分。

广义的静态外汇是指一切用外币表示的资产。中国以及其他各国的外汇管理法令中一般沿用这一概念。根据《中华人民共和国外汇管理条例》规定，外汇包括外国货币，包括钞票、铸币等；外币支付凭证，包括票据、银行存款凭证、邮政储蓄凭证等；外币有价证券，包括政府债券、公司债券、股票等；特别提款权、欧洲货币单位；其他外汇资产。从这个意义上说外汇就是外币资产。

狭义的静态外汇是指以外币表示的可用于国际之间结算的支付手段。从这个意义上讲，只有存放在国外银行的外币资金，以及将对银行存款的索取权具体化了的外币票据才构成外汇，主要包括银行汇票、支票、银行存款等。这就是通常意义上的外汇概念。

2. 汇率

汇率，又称汇价、外汇牌价或外汇行市，即外汇的买卖价格。它是两国货币的相对比价，也就是用一国货币表示另一国货币的价格。

在外汇市场上，汇率是以五位数字来显示的，如：欧元（EUR）0.9705、日元（JPY）119.95、英镑（GBP）1.5237。

汇率的最小变化单位为一点，即最后一位数的一个数字变化，如：欧元（EUR）0.0001、日元（JPY）0.01、英镑（GBP）0.0001。

按国际惯例，通常用三个英文字母来表示货币的名称，以上中文名称后的英文即为该货币的英文代码。

3. 汇率的标价方式

汇率的标价方式分为两种：直接标价法和间接标价法。外汇市场上的报价一般为双向报价，即由报价方同时报出自己的买入价和卖出价，由客户自行决定买卖方向。买入价和卖出价的价差越小，对于投资者来说意味着成本越小。

（1）直接标价法

直接标价法，又叫应付标价法，是以一定单位的外国货币为标准来计算应付出多少单位本国货币。这相当于计算购买一定单位外币应付多少本币，所以叫应付标价法。在国际外汇市场上，日元、瑞士法郎、加元等均为直接标价法。比如，日元 119.05 表示 1 美元兑换 119.05 日元。

在直接标价法下，若一定单位的外币折合的本币数额多于前期，则说明外币币值上升或本币币值下跌，叫做外汇汇率上升；反之，如果用比原来较少的本币即能兑换到同一数额的外币，这说明外币币值下跌或本币币值上升，叫做外汇汇率下跌。

（2）间接标价法

间接标价法，又称应收标价法。它是以一定单位的本国货币为标准，来计算应收若干单位的外国货币。在国际外汇市场上，欧元、英镑、澳元等均为间接标价法。如欧元 0.9705 即 1 欧元兑换 0.9705 美元。

在间接标价法中，本国货币的数额保持不变，外国货币的数额随着本国货币币值的对比变化而变动。如果一定数额的本币能兑换的外币数额比前期少，这表明外币币值上升或本币币值下降，即外汇汇率上升；反之，如果一定数额的本币能兑换的外币数额比前期多，则说明外币币值下降或本币币值上升，即外汇汇率下跌。

4. 汇率分析

汇率分析的方法主要有两种：基础分析和技术分析。基础分析是对影响外汇汇率的基本因素进行分析，基本因素主要包括各国经济发展水平与状况，世界、地区与各国政治情况，市场预期等。技术分析是借助心理学、统计学等学科的研究方法和手段，通过对以往汇率的研究，预测出汇率的未来走势。

在外汇分析中，基本不考虑成交量的影响，即没有价量配合，这是外汇汇率技术分析与股票价格技术分析的显著区别之一。因为，国际外汇市场是开放和无形的市场，先进的通信工具使全球的外汇市场联成一体，市场的参与者可以在世界各地进行交易（除了外汇期货外），某一时段的外汇交易量无法精确统计。

二、外汇市场

外汇市场是指由银行等金融机构、自营交易商、大型跨国企业参与的，通过中介机构或电信系统联结的，以各种货币为买卖对象的交易市场。它可以是有形的，如外汇交易所，也可以是无形的，如通过电信系统交易的银行间外汇交易。

目前，世界上大约有 30 多个主要的外汇市场，它们遍布于世界各大洲的不同国家和地区。根据传统的地域划分，可分为亚洲、欧洲、北美洲等三大部分。其中，最重要的有欧洲的伦敦、法兰克福、苏黎世和巴黎，美洲的纽约和洛杉矶，澳大利亚的悉尼，亚洲的东京、新加坡和中国香港等。

每个市场都有其固定和特有的特点，但所有市场都有共性。各市场被距离和时间所隔，它们敏感地相互影响又各自独立。一个中心每天营业结束后，就把订单传递到别的中心，有时就为下一市场的开盘定下了基调。这些外汇市场以其所在的城市为中心，辐射周边的其他国家和地区。由于所处的时区不同，各外汇市场在营业时间上此开彼关，循环着挂牌营业。它们相互之间通过先进的通信设备和计算机网络联成一体，市场的参与者可以在世界各地进行交易，外汇资金流动顺畅，市场间的汇率差异极小，形成了全球一体化运作、全天候运行的统一的国际外汇市场。其简单情况可如表 6-3 所示。

表 6-3　主要外汇市场的营业时间

地　区	城　市	开市时间（GMT）	收市时间（GMT）
澳大利亚	悉　尼	11：00	19：00
亚　洲	东　京	12：00	20：00
	香　港	13：00	21：00
欧　洲	法兰克福	08：00	16：00
	巴　黎	08：00	16：00
	伦　敦	09：00	17：00
北美洲	纽　约	12：00	20：00

三、外汇交易

外汇交易不仅是国际贸易的一种工具，而且已经成为国际上最重要的金融商品。外汇交易的种类也随着外汇交易的性质变化而日趋多样化。

外汇交易主要可分为现钞、现货、合约现货、期货、期权、远期等交易。具体来说，现钞交易是旅游者以及由于其他各种目的需要外汇现钞者之间进行的买卖，包括现金、外汇旅行支票等；现货交易是大银行之间，以及大银行代理大客户的交易，买卖约定成交后，最迟在两个营业日之内完成资金收付交割；合约现货交易是投资人与金融公司签订合同来买卖外汇的方式，适合于大众的投资；期货交易是按约定的时间，并按已确定汇率进行交易，每个合同的金额是固定的；期权交易是将是否购买或者出售某种货币的选择权而预先进行的交易；远期交易是根据合同规定在约定日期办理交割，合同可大可小，交割期也较灵活。

由于本书主要面对个人投资，因此下面结合中国实情具体介绍一下现货、合约现货以及期货外汇交易。

1. 现货外汇交易（实盘交易）

通过国内的商业银行，将自己持有的某种可自由兑换的外汇（或外币）兑换成另外一种可自由兑换的外汇（或外币）的交易，称为“外汇实盘交易”。所谓“实盘”，指的是在这种交易中，客户不能使用类似于期货交易中的融资方式（即在缴纳保证金之后从银行融资而将交易金额放大若干倍）。

目前国内的商业银行为外汇实盘交易提供了多种交易方式。交易者可以通过银行柜台、银行营业厅内的个人理财终端、电话和互联网进行外汇实盘交易。各种交易方式的详细说明请参考开户银行提供的帮助文件。

如果客户选择柜台交易或使用个人理财终端进行交易，交易时间仅限于银行正常工作日的工作时间，多为周一至周五的 9：00~17：00，公休日、法定节假日及国际市场休市日均无法进行交易。而如果客户选择电话交易或者互联网交易，一般来说交易时间将从周一 8：00 一直延续到周六 5：00，公休日、法定节假日及国际市场休市日同样不能交易。可见，除了非要去现场感受气氛，通过电话或者互联网交易才是更佳的选择。

2. 合约现货外汇交易（按金交易）

合约现货外汇交易，又称外汇保证金交易、按金交易、虚盘交易，指投资者和专业从事外汇买卖的金融公司（银行、交易商或经纪商），签订委托买卖外汇的合同，交付一定比率（一般不超过 10%）的交易保证金，便可按一定融资倍数买卖十万美元、几十万美元甚至上百万美元的外汇。因此，这种合约形式的买卖只是对某种外汇的某个价格作出书面或口头的承诺，然后等待价格出现上升或下跌时，再作买卖的结算，从变化的价差中获取利润，当然也承担了亏损的风险。由于这种投资所需的资金可多可少，所以近年来吸引了许多投资者的参与。

外汇投资以合约形式出现，主要的优点在于节省投资金额。以合约形式买卖外汇，投资额一般不高于合约金额的 5%，而得到的利润或付出的亏损却是按整个合约的金额计算的。外汇合约的金额是根据外币的种类来确定的，每张合约的价值约为 10 万美元。每种货币的每个合约的金额是不能根据投资者的要求改变的。投资者可以根据自己定金或保证金的多少，买卖几个或几十个合约。一般情况下，投资者利用 1000 美元的保证金就可以买卖一个合约，当外币上升或下降，投资者的赢利与亏损是按合约的金额（即 10 万美元）来计算的。

有人认为以合约形式买卖外汇比实买实卖的风险要大，但我们仔细地把两者加以比较就不难看出事实并非如此。

假设，在 1 美元兑换 135.00 日元时购买日元，那么实盘交易与按金交易的赢利与风险有什么差别呢？请参见表 6-4。

表 6–4 实盘交易与按金交易的赢利与风险比较

	实买实卖形式		保证金形式
购入 12500000 日元	需要 92592.59 美元		需要 1000.00 美元
若日元汇率上升 100 点	赢利	680.00 美元	680.00 美元
	赢利率	680/92592.59=7.34%	680/1000=68%
若日元汇率下跌 100 点	亏损	680.00 美元	680.00 美元
	亏损率	680/92592.59=7.34%	680/1000=68%

从表 6–4 中可以发现，实盘交易与按金交易的赢利与亏损在金额上是完全相同的，所不同的只是投资者投入资金的差异。实买实卖要投入 9 万多美元，才能买卖 12500000 日元，而采用保证金的形式只需 1000 美元，两者投入的金额相差 90 多倍。因此，采取合约形式对投资者来说投入小、产出多，比较适合大众的投资，可以用较小的资金赢得较多的利润。

采取保证金形式买卖外汇特别要注意的问题是，虽然保证金的金额小，但实际撬动的资金却十分庞大，而外汇汇价每日的波幅又很大，如果投资者在判断外汇走势方面失误，就很容易造成保证金的全军覆没。以表 6–4 为例，同样是 100 点的亏损幅度，投资者的 1000 美元就亏掉了 680 美元。如果日元继续贬值，投资者又没有及时采取措施，就要造成不仅保证金全部赔掉，而且还可能要追加投资。因此，高收益和高风险是对等的，但如果投资者方法得当，风险是可以管理和控制的。

在合约现货外汇交易中，投资者还可能获得可观的利息收入。合约现货外汇的计息方法，不是以投资者实际的投资金额计算，而是以合约的金额计算。例如，投资者投入 10000 美元作保证金，共买了 5 个合约的英镑。那么，利息的计算不是按投资人投入的 10000 美元计算，而是按 5 个合约的英镑的总值计算，即英镑的合约价值乘合约数量（62500 英镑×5）。这样一来，利息的收入就很可观了。当然，如果汇价不升反跌，那么投资者虽然拿了利息，但也抵消不了价格变化所带来的损失。

财息兼收也不意味着买卖任何一种外币都有利息可收，只有买高息外币才有利息的收入，卖高息外币不仅没有利息收入，投资者还必须支付利息。由于各国的利息会经常调整，因此，不同时期不同货币的利息的支付或收取是不一样的，投资者要以从事外币交易的交易商公布的利息收取标准为依据。

合约现货外汇买卖的方法，既可以在低价位先买，待价格升高后再卖出，也可以在高价位先卖，等价格跌落后再买入。外汇的价格总是在波浪中攀升或下跌。这种既可先买又可先卖的方法，不仅在上升的行情中获利，也可以在下跌的形势下赚钱。投资者若能灵活运用这一方法，无论升市还是跌市都可以左右逢源。

3. 期货外汇交易

期货外汇交易是指在约定的日期，按照已经确定的汇率，用美元买卖一定数量的另一种货币。期货外汇的买卖是在专门的期货市场进行的。

目前，全世界的期货市场主要有芝加哥期货市场、纽约商品交易所、悉尼期货市场、新加坡期货市场、伦敦期货市场。期货市场至少要包括两个部分：一是交易市场，另一个是清算中心。期货的买方或卖方在交易所成交后，清算中心就成为其交易对方，直至期货合同实际交割为止。

期货外汇买卖最少是一个合同，每一个合同的金额，不同的货币有不同的规定。

期货外汇合同的交割日期有严格的规定。期货合同的交割日期规定为一年中的 3 月、6 月、9 月、12 月的第三个星期的星期三。这一样，一年之中只有 4 个合同交割日。其他时间可以进行买卖，不能交割。如果交割日银行不营业则顺延一天。

期货外汇合同的价格全是用一个外币等于多少美元来表示的。因此，除英镑之外，期货外汇价格和合约外汇汇价正好互为倒数。例如，12 月份瑞士法郎期货价格为 0.6200，倒数正好为 1.6126。

期货外汇的买卖并没有利息的支出与收入的问题，无论买还是卖任何一种外币，投资者都得不到利息，当然也不必支付利息。

期货外汇的买卖方法和合约现货外汇完全一样，既可以先买后卖，也可以先卖后买，即可双向选择。

第七章 房地产、收藏和黄金

“钱可能不是树上长出来的，可是确实是从地下长出来的。只消看看你身边的这些房子——公寓建筑、办公楼、零售商业区，还有那些让其主人大发其财的工业设施，你就会明白这句话的意思了。想想吧，你也可以从这些由钢筋水泥制成的‘树’上摘下属于你自己的‘果实’。”

——《百万富翁房地产投资顾问》

第一节　你的房产是投资吗

目前，房地产已成为一种日益受到重视的投资工具，逐渐被更多的家庭纳入理财计划。个人房地产投资是投资人通过购买不动产后，一是通过房地产的转手买卖获得短期增值收益；另一种是以出租等方式获取房地产投资的长期增值收益。

房地产属于实业的范畴，一般认为通货膨胀对实业的影响较小，所以一旦通货膨胀到来，房地产的价值可以随着物价上涨而“水涨船高”，有时还会超出通货膨胀几个百分点。而且房地产具有耐久性，所以房地产是投资（尤其是长线投资）很好的项目，是获利大、风险小的投资工具，它对抵抗通货膨胀、增加个人收益具有极大的作用和功效。

一、房产投资的特点

房产投资与其他投资工具比起来具有以下显著的特点：

1. 所需资金量大

房产投资较之其他理财工具，相对需要较大的资金。如果资金不够，还可以通过银行按揭，实现房产投资。

2. 增值慢风险小

排除当前房价疯涨、增值快速的情况，从长远来看，在一般正常情况下，房产投资是一项增值较慢但是风险也较小的投资。

3. 流动性差

房产投资的流动性较差，尤其是在变现能力方面，更没有办法跟投资资本市场相比。因此投资房产，应适当适度，更不能用炒股的思维去炒房。要综合考虑未来的成本，留足家庭生活的紧急备用金和足够的还贷资金后，再行考虑投入房产市场。

二、房产投资的风险

从理财的角度看，投资房产并没有一个固定比例的说法，个人的情况不一样，投入的资金比例也要有适当的分别。但是在目前的情况下，个人投资者进行房产投资，必须注意的是量力而行，而在此之前，我们要了解一下房产投资存在什么风险。

1. 流动性风险

由于房产是真正意义上的不动产，不能移动、不能运输，所以投资于房产中的资金流动性和变现性较差。由于房产存在这种“不动”及买卖具有区域性的特性，一旦投资于房产，投资者如急需用钱，则不可能像其他商品投资者一样，能迅速将商品转手变现。房产投资者只能等待合适的机会，否则就会遭受很大的损失。

2. 购买力变化的风险

由于房产投资周期较长，占有资金较多，因此投资于房产，还须承担因经济周期性变动带来的购买力下降的风险。购买力水平的降低，会影响到人们对房产的消费水平。这样，即使房产本身能保值，但由于人们降低了对它的消费水平，也会导致房产投资者遭受一定的损失。

3. 市场不充分性风险

房地产市场是一种不充分市场，这种不充分市场，其特征就是缺乏信息，没有一个正式市场。许多房地产的交易和定价是在不公开的情况下进行的。在交易时，人们往往不懂它所涉及的法律条文、城市规划条件、税费等，尤其是对房地产交易过程中的许多细节不了解，因此有可能造成损失。

4. 投资风险

个人购房用于经营的人要明白，不是所有的房地产项目都可以升值。随着社会的发展，房地产项目性能价格比的内涵日趋丰富，配置相对落后的项目跌价将在所难免。

5. 自然风险

房产投资还有可能承担的一种风险，就是自然灾害带来的风险。地震、洪水、火灾等自然现象也会使投资者遭受损失。

以上介绍的是一般情况下房产投资可能出现的或潜在的风险，并不是说无论何时何地所有的房产投资都会遇到这些风险，所以在购房时要具体情况具体分析，作出适合自己的决策。

三、房产投资的6种方式

住房投资是不少人目前正在采用的一种理财方式，除了采取直接购房方式外，人们还可以选择另外6种形式。

1. 合建分成

合建分成就是寻找旧房，拆旧建新，共售分成。这种操作手法要求投资者对房地产整套业务相当精通。目前不少房地产开发公司都采用这种方式开发房地产。

2. 以旧翻新

把旧楼买来或租来，投入一笔钱进行装修，以提高该楼的附加值，然后将装修一新的楼宇出售或转租，从中赚取利润。

3. 以租养租

即长期租赁低价楼宇，然后以不断提升租金标准的方式转租，从中赚取租金养租。如果投资者刚开始做房地产生意，资金严重不足，这种投资方式比较合适。

4. 以房换房

以洞察先机为前提，看准一处极具升值潜力的房产，在别人尚未意识到之前，以优厚条件采取以房换房的方式获取房产，待时机成熟再予以转售或出租从中谋利。

5. 以租代购

开发商将空置待售的商品房出租并与租户签订购租合同。若租户在合同约定的期限内购买该房，开发商即以出租时所定的房价将该房出售给租住户，所付租金可充抵部分购房款，待租户交足余额后，即可获得该房的完全产权。

6. 到拍卖会上淘房

目前，许多拍卖公司都拍卖各类房产。这类房产一般由法院、资产公司或银行等委托拍卖，基于变现的需要，其价格往往只有市场价格的70%左右，且权属一般都比较清晰。

四、房产投资前的5大注意事项

房产投资与金融投资一样，只有把握科学的介入时机，才能获取较好收益。那么在房产投资前，有哪些注意事项呢?

1. 注意国家的经济增长率

一个国家的经济增长水平，反映了国家的发展速度和景气程度。经济增长率高且持续发展，必然会刺激房地产业的快速发展，使房地产的建设和成交量十分活跃，新楼盘不断涌现，有效供给不断增加，使房地产业一片繁荣，特别是国家把房地产业作为经济增长点和国民经济的支柱产业后，必然会在政策上予以支持，使商品房大量上市，给购房者以充分的选择余地，可以用相对较低的投入获得比较满意的住房。

2. 注意开发商的平均利润

房地产开发商牟取暴利的时代已经过去。从房地产上市公司提供的数据表明，房地产开发企业的平均利润由 1994 年的 32.4%，降低到 1997 年的 12.45%，即使平均利润为 10%，也是泡沫多多。随着房市愈加成熟和规范，未来市场的投机机会越来越少，投机成本越来越接近国际平均的利润率（即 6%~8%）。

3. 注意利率的变化

在买房时，购房者大多离不开银行的支持，特别是工薪族大多利用银行贷款购房。从目前的情况看，银行几次降息，住房贷款无论是公积金还是按揭都是比较低的，主要目的是刺激消费，现在购房在利率上无疑是最合算的。

4. 注意销售量

一般来讲，不管是现房还是期房，如果销售量不到 30%，那么开发商的成本还没有收回，在销售业绩不佳的时候，开发商有可能降低房价。若销售量有 50%，表明供销平衡，房价在一定时间内不会变化，如果已经卖出 70%表明需求旺盛，有可能涨价，当卖出 90%以后，由于开发商想尽快发展其他项目，房价可能会降下来。看销售量也是把握购房时机的方法之一。

5. 注意房屋的空置率

当某一楼盘空置90%时，价格应是比较低的时候，但消费者也要付出一定的代价，例如装修噪声、服务不到位、环境杂乱无章、交通不便等；当空置率为50%时，小区已经有了一定的发展，购房既能得到较好的价格，又能得到发展商、物业公司提供的服务，是最佳的入住时机。

第二节　收藏很实在

作为一种投资形式，收藏不仅具有安全性、可靠性，而且还能陶冶情操，增强生活情趣，提高生活品位。同时，又极具增值潜力，其收益性至少是几倍，甚至几十倍、几百倍乃至上千倍、上万倍。不过，你必须掌握这方面的专业知识，因为不是任何收藏品都有升值潜力的。

一、收藏要点

随着我国社会经济的快速发展和人民群众的生活水平不断提高，参加收藏的人越来越多，在这个过程中许多投资者都希望获取相应的回报。那么，怎样进行收藏活动才能获取回报呢?

首先，投资者必须懂得收藏的保值增值并非定律，风险和回报是成正比的，因此收藏投资人要有良好的平和心态。比如，投资某种稀有钱币，其年代久远，存世不多，正当为收藏了一两枚而高兴，准备转手抛出赚一笔时，忽然有报道称这种钱币在某地方大量出土。按照物以稀为贵的原则，收藏的钱币此时还能有高的回报吗？能够保值就不错了。另外，还要学会等待，收藏到了一件很有价值的物品，正巧经济不景气、人们无力拿出很多的钱来收购时，收藏的回报也不能马上实现。所以，收藏投资多数是长线的，投资者应当学会忍耐和等待。

其次，投资者应当根据个人的实际情况选择投资品种和方向。投资人的兴趣爱好、经济实力、目的性是选择投资品种和方向的三个重要因素。收藏是需要专业知识的，兴趣往往影响着收藏品种专业知识的多少。一般来讲，不感兴趣的物品最好不要轻易购买。个人的经济实力也是决定和影响投资品种和方向的重要因素，尽管有某一方面或几个方面的收藏知识，但是经济实力决定着应量力而行地选择收藏品种，不要孤注一掷。而目的性，是决定长期收藏还是短线投资的主要因素。

最后，要处理好短线投资和长期收藏的关系。在收藏界除了特别有实力的，都应当把长期收藏和短线投资两者之间的关系处理好。以短线投资培育长期收藏是许多收藏者的必由之路。这就是所谓的以藏养藏，以空间融时间。在收藏手法上，许多投资者都会把握住“低进高出”的常规投资原则；在充分了解市场行情的前提下，赚取异地差价是收藏投资获利的普遍途径。

另外，要善于抓住时机，进行跟风投资。当某些品种行情看好时，不失时机地适当购入，并在适当价位抛出，也是一种投资策略。比如退出流通的人民币的收藏，如果在1993—1995年期间抓住某些品种，在1997年年初出手就可能有几倍的利润。

二、艺术品

在国外，艺术品收藏一直与股票、房地产并列为三大投资对象，个人收藏品的数量和品质往往被视为财富、身份与地位的象征。

近年来，中国艺术品投资市场日渐红火，越来越多的人开始意识到艺术品投资是一种回报颇高的投资理财方式。但是，艺术品行情在拍卖的高抬和媒体的爆炒下，节节攀升，以至飙升，导致投资风险也被极度地放大。

其实，真正的艺术品收藏首先属于一种有益身心的活动，因为精美的艺术品可以为拥有者带来精神上的享受，并令其生活更为充实和更富情趣。然后它才是极具前景的投资，因为精品难求，故升值空间比较大。对于艺术品收藏，投资者不应抱有即时获利的心态，亦不要因投资艺术品而影响正常的生活。即最佳的投资策略是既可获得艺术享受，又可投资保值。

艺术品收藏由于其专业性和高风险性，需要投资者认真对待。以下介绍几个艺术品投资技巧，以供参考。

1. 多方面获得信息

投资艺术品要从多方面获得市场信息，具体渠道有画廊、拍卖会、古玩市场等。要掌握此类艺术品的详细数据，以便投资时参考。

2. 选择正规的购买渠道

选择购买渠道时，要了解是否有专家鉴定，并要与卖家拟订退货协议，一旦所购买的艺术品有问题，可及时退货而不致造成损失。一些较正规的拍卖公司由于其专业性强，可以对艺术品的真伪起到一定的把关和鉴定作用，对于经验相对缺乏的投资者而言，到这些场所购买较为放心。

3. 要有超前的意识

获得市场认同的知名艺术家的作品无疑很有收藏和投资的价值，但价格也相对偏高。投资者不妨选择一些有潜力的中青年艺术家的作品，当然，这需要投资者对未来市场趋势有所把握。独到的眼光和超前的意识对于收藏和投资而言非常重要。

4. 艺术品投资也要注意风险

伴随着艺术品投资的火热，大量假货、赝品充斥市场，不善于鉴别的投资者很容易被这些赝品所欺骗而造成损失。因此，专家提醒投资者，要规避风险，投资前最好要学习一些专业知识。

5. 不适宜短期投资

艺术品是不适合短期投资的，需要收藏来等待其价值升高，短期买卖是一种投机行为，不能真正体现出艺术品的价值。一般来说，艺术品投资比较适合中长期投资，这样可以在尽可能降低风险的情况下获得最大的收益。如果长期投资的话，要承担市场热点转移和价格波动的风险。业内人士建议，10 年左右是一个比较适宜的投资期限。

第三节　黄金很坚实

近年来，随着投资理财的逐渐升温，黄金已经成为与房产、银行金融工具一样重要的投资品种；而且，相比国内银行目前利率低迷、房产投资环境不很健康的状况，黄金投资优势似乎更加突出。

由于黄金本身的固有特性，不论年代有多久远，其质地基本不会发生变化，价值恒久。黄金的投资价值在于其具有对抗通货膨胀、无时间限制的公平交易、实物交收便利等方面的独特优势。但是，黄金价格变化比较慢，本身不能生息，不具备增值能力。它的保值增值能力更多地体现在价格变动和价差上。

一、实物黄金投资

实物黄金主要包括金条、金币和金饰等。

对一般投资者而言，最好的黄金投资品种就是直接购买投资性金条。金条加工费低廉，各种附加支出也不高，标准化金条在全世界范围内都可以方便地买卖，并且世界大多数国家和地区都对黄金交易不征交易税。而且黄金是全球24小时连续报价，在世界各地都可以及时得到黄金的报价。

虽然投资性金条是投资黄金最合适的品种，但并不是指市场中常见的纪念性金条、贺岁金条等。这类金条都属于“饰品金条”，它们的售价远高于国际黄金市场价格，而且回售麻烦，兑现时要打较大折扣。所以，投资金条之前要先学会识别“投资性金条”和“饰品性金条”。

一般来讲，投资性金条有两个主要特征：

①金条价格与国际黄金市场价格非常接近（因加工费、汇率、成色等原因不可能完全一致）；

②投资者购买回来的金条可以很方便地再次出售兑现。金融投资性金条一般由黄金坐市商提出买入价与卖出价的交易方式。黄金坐市商在同一时间报出的买入价和卖出价越接近，则黄金投资者所投资的金融投资性金条的交易成本就越低。

购买的金条或金砖，一定要确认是金融投资性金条，而不是“饰品性工艺金条”。一般的工艺性首饰类金条可以少量购买用做收藏，但绝不适合作为金融投资品。只有金融投资性金条才是投资实物黄金的最好选择。

二、纸黄金

“纸黄金”交易没有实金介入，是一种由银行提供的服务，通过以贵金属为单位的户口，投资者无须通过实物的买卖及交收，只要采用记账方式就可以投资黄金。

简单来说，“纸黄金”其实就是指黄金的纸上交易。由于不涉及实金的交收，这样就省去了黄金的运输、保管、检验、鉴定等步骤，其买入价与卖出价之间的差额要小于实金买卖的差价。

特别需要提醒注意的是，虽然“纸黄金”等同于持有黄金，但是账户内的“黄金”一般不可以换回实物。如想提取实物，只有补足足额资金后，才能换取。

下，名不见经传的海底捞跑到北京凑热闹，自然不被人们看好。

但没过多久，海底捞就引起了同行的注意。其实何止是注意，北京火锅店的老板几乎都去海底捞吃过饭，当然，真正的目的是偷师学艺。

不仅是同行，海底捞还引起了媒体的注意，中央电视台和北京几大报纸都相继报道过它。之所以引起媒体的关注，恰恰是由于口碑相传的效应，在大众点评网这个餐饮网站，纯粹由顾客打分排名的前三名北京火锅店，连续三年都有海底捞。

其实，海底捞的名气完全是由前去吃过火锅的顾客传播开来的。现在在北京，即便是没有去海底捞吃过火锅的人，也都知道海底捞，知道这家火锅店服务好，价钱公道，质量有保证。

海底捞是口碑相传的受益者，它没有做什么广告，就达到了许多企业打广告都达不到的宣传效果。

口碑相传的广告效果之所以好，是因为互相传递信息的人们之间并没有什么经济利益，更不存在有意替某种商品“促销”的目的，而且需求大致相同，并且往往是相互熟悉的人之间介绍，最重要的是这种传播都是讲述使用过商品后的亲身体验，所以最容易得到信任。

事实上，口碑相传属于人类乐于分享的天性。而大多数人通常会对自认为特别好的东西和特别差的东西进行分享，向别人介绍自己接触到的事物的特点。所以，“口碑相传”就是最重要的、最佳的广告形式。因为它是建立在“信”的基础之上的，是一种对使用过的物品的特点，出于本能的经验分享。

4. **充分利用事件营销**

事件营销也叫活动营销，通常是指企业通过策划、组织和利用具有名人效应、新闻价值以及社会影响的人物或事件，引起媒体、社会团体及消费者的兴趣与关注，以求提高企业或产品的知名度、美誉度，树立良好品牌形象，并最终促成产品或服务的销售目的的手段和方式。

简单地说，事件营销就是制造具有新闻价值的事件，并通过具体的操作，让这一新闻事件得以广泛传播，以达到广告的目的。

由于事件营销要比硬广告和软文广告更具有新闻效应，而且成本更低，所以，在进入互联网时代以后，许多企业都开始采用事件营销的手段，通过一个事件或一个话题，让企业或企业的产品迅即成为媒体和消费者关注的焦点。一次好的事件营销，能对企业产生多大的价值？我们从一个案例就能看出。

2008年，“5·12”地震发生后，生产王老吉凉茶的加多宝公司，通过中央电视台抗震救灾募捐晚会这个万众瞩目的时刻，捐款1亿元。这个庞大的捐款数额，立即让加多宝公司以及王老吉品牌一夜成名，成为人们谈论的焦点。随后，网络上关于加多宝捐款的新闻和帖子层出不穷，讨论自然也“不绝于耳”。当然，观点无非就是两个：赞成或反对。赞成者盛赞加多宝的大手笔和爱心；而反对者则认为，加多宝是在拿地震来宣传自身的企业品牌形象。

其实，无论加多宝捐款1亿元是否带有营销的目的，其行为都是值得提倡和尊敬的。因为它是真的拿出了真金白银，这要比那些只说不做的企业更易引起人们的尊重。

当然，捐款1亿元，也是加多宝的一次事件营销。捐款之后，加多宝与网络推手合作，短短3个小时内，百度贴吧相关帖子就超过14万条，“要捐就捐1亿元，要喝就喝加多宝”的口号更是传播至整个网络。在各大门户网站，天涯、凯迪等论坛和社区，甚至是各种手机门户网站，满眼都是关于王老吉捐款1亿元的新闻和激烈的讨论。

加多宝的这次事件营销给它带来了什么？那就是它从之前一个知名度并不算高的企业，一夜之间红遍大江南北。

加多宝把本来就要投做广告的钱用来捐款，然后利用捐款事件来提升自己的品牌形象，这显然是一举两得的事情。

事件营销作为一种被公认为行之有效的营销手段，在互联网时代已经被越来越频繁地使用。可以说，借助互联网平台，事件营销已经成为传播最快的营销手段之一。而且，由于事件营销用好了可以事半功倍，并且能够节约大量的广告费用，因此，越来越多的企业开始选择事件营销的方式为自己的品牌加分。